이 도서의 국립중앙도서관 출판시도서목록(CIP)은 e-CIP 홈페이지
(http://www.nl.go.kr/ecip)에서 이용하실 수 있습니다.
(CIP 제어번호 : CIP2018001080)

안녕에 대한 자화상

2018년 1월 12일 초판 1쇄 인쇄
2018년 1월 22일 초판 1쇄 발행

지은이 | 박희호
펴낸이 | 孫貞順
펴낸곳 | 도서출판 작가
03761 서울 서대문구 북아현로 89 버금랑빌딩 2층
전화 | 02)365-8111~2 팩스 | 02)365-8110
이메일 | morebook@morebook.co.kr
홈페이지 | www.morebook.co.kr
등록번호 | 제13-630호(2000. 2. 9.)

편집 | 이승철 손희
디자인 | 오경은
영업 | 손원대
관리 | 이용승

ISBN 978-89-94815-74-9 03810

* 잘못된 책은 구입하신 서점에서 바꾸어 드립니다.

값 10,000원

안녕에 대한 자화상

박희호 시집

작가

■ 시인의 말

안녕에 대한 서툰 詩人의 전언

그때도 '그늘' 은 안녕에 대해 서툴렀고
지금도 나는 '그늘' 에 대한 안녕의 표현이 서툴다.

세월호도 안녕하지 못하고
촛불도 안녕에 여직 서툰 자드락
그늘은 흩날리고 있다

내가 안녕에 서툰 사이
몸, 곳곳이 통증의 실금이 야금야금 영토를 넓히고
푸석푸석한 '그늘' 을 딛고
여기 또 다른 서툰 詩의 그늘을 세운다.

이 '그늘' 이 안녕할지에 대해선 쉬어가는 나그네 몫일 터,

5년 만에 세운 '그늘',
더 짙게, 더 하고 싶은 이야기의 잎사귀가 허기진 것은
잘라 낸 한 무더기 '그늘'을
'일통詩'(통일)라는 '그늘'로 곧 드리워보기 위함이다.

늘 안녕에 서툰 제게
선뜻 표4를 주신 임헌영 선생님,
육필 표4를 주신 소설가 김성동 선생님,
사랑과 관심으로 표4를 주신 홍일선 선배님,
바쁘신 중에도 해설을 주신 김익균 교수님,
부족한 그늘에 평상을 깔아주신 이승철시인, 도서출판 작가 손정순 사장님
세심한 교정을 봐 주신 권영임 작가님께 감사를 드린다.

언뜻언뜻, 기울 것 같은 서까래를 지탱해준
사랑하는 가족, 그리고 지인들께
감사를 전한다.

단기 4351년 겨우나절
박희호

차례

제2부
곡운구곡 시비에 대한 답신

제3부
구월 15時 30分, 그리고 17時 30分 사이

제4부
낯선 나그네

제1부
이미 국가는 도굴되었다

처서處暑에 내리는 비

빗소리에 비가 젖고 있다
UH-1H M육공 기총소사와 같이 정조준 내리 꽂힌다

숲의 이파리마다 오글오글 귀뚜라미 울음
참깨 털 듯 털어내고
꽃 수술 짓이겨
잉태의 불임 풀어놓았다

하루꺼리 노동을 팔러 나온
일용노동자 빈 지갑 가랑이 후려치는
직선의 파문,

비가, 비에 젖는 날

손아귀가 축축한
내 몸을 들여다본다
처량하게 식어 뼈대만 앙상한 통증,
처서 빗줄기에 씻기지도 못하고 목덜미가 허옇다

먼 산, 하얀 연기가 피고 있다. 하늘에 실탄이 원활하게 공급되고 있다는 것이다

연꽃도 맥없이 허물어져 하얀 가사자락에 흙탕물이 튄다

복숭아 단내는 씻겨
방죽을 서성거리고
도로 위 바퀴자국들 수장시킨 빗줄기는
길을 삼키고 있다

처서에 내리는 비
뒤주 곡식 줄인다는데

기총소사중인 저 하늘에 ICBM 두어 발 펼쳐두면
협상 테이블에 마주 앉을까

장마 끝에 비 천지다

자본주의 출근길 환영幻影

저녁을 편집한 카~톡은 아침을 재편집하여 침대 위에 잠으로 묻어두었다

범람하는 자본은 늘 아우성의 새벽을 포르말린에 염장하고

어제를 지우려는 샤넬향수의 번호는 삭제되었다

전철 안 손잡이가 어젯밤 끊긴 필름을 또각또각 재생시킬 무렵이면

환승역 시간표는 하품의 그을음 오답처리하고 정답은 레일을 파고든다

조리된 관념 야금야금 캐가는
자본의 조력자는 묘기를 요구한다
저만치 음울하게 머물고 있는 조련 기술자,
그를 낚아채려는 물렁한 체질은

전철 흔들림에 어제를 탁본 뜨고 있다

자본 연출자가 휘슬을 불 때마다 대사를 잊어버리고 침대에 묻어둔 잠을 찾는다

오 · 탈자가 수두룩한 책상과 의자, 두 눈이 선팅 되어 음모를 꿈꿀 때

레일에 묶인 바퀴가 질주하는 궤도, 그에 대한 완벽한 알리바이를 위조할 수 없다

불온한 질주는 질서를 가장하고
내일의 연출자를 꿈꾸며 파지처럼 위태로운 하루는 늘 자투리뿐
하얀 와이셔츠에 핀 실금이 헐렁해지면

검은색 승용차 뒷좌석에 묻어둔 잠도 명품이 되지 않을까

이미 국가는 도굴되었다
— 세월호 참사 3주기에 부쳐

비련悲戀이다. 세상은 온통 안녕하건만 원고지 칸을 메워야 전할 수 있는 안부
내색이다. 또 묻지 않을 수 없는 오독한 것들의 허구

이천십이년십이월십구일 국가는 순장되었고
이천십삼년이월이십오일 국가는 도굴되었고
이천십사년사월십육일 국가는 없었다

도굴된 국가는 꽃들의 부름에 단 하나의 파편도 보이지 않는 무채색이었다

북위 34,2181° 동경125.95°
맹골수도 바닷물이
304명 심장을 뛰게 하고 혈관에 공급해야 할 산소를 갉아먹고 있을 때
국가는 이미 도굴되고 없었다

꽃들아!

왜 돌아오지 않느냐고 이제 와서, 앞으로도 어찌 묻겠는가
도굴된 국가는 소문도 기척도 없었던 걸

잔불도 꺼져 차디찬 방바닥에 심장을 꺼내놓고
얼음처럼 파래진 창문 열어두고
꽃 이름 불러불러
돌아오길 기다리다 못해
무거운 다리 칭칭 동여매고 걷고 또 걸어보았지만
국가는 이미 도굴되고 없었다

꽃들아!
누군가의 발밑에도
국가는 없었다
누군가 돌아올까 봐,
도굴된 국가는 순한 모의를 시작했었다

ENG 카메라가 꽃들의 피사체 훑고 훑어 사방이 다 꽃

피로 물들었지만
　국가는 이미 도굴되고 없었다

　꽃들은 죽어 희미하게 지워지고
　어설픈 눈물과 속삭임은 어둠의 자식일 뿐, 악몽을 꾸게 하는 잠이었지
　국가는 이미 도굴되고 없었다

　그러다 철부지 여자아이 팔매질에 나오지 않을 것 같던 국가의 혈흔,
　기어이 찾았으나
　국가는 음습하게 썩고 있었다.

　꽃들아!
　너흰 도굴된 국가에서 바코드도 지워진 채로
　평형수 빼낸 자리에 섬뜩한 짐,
　그 이하였을지도
　너흰 꽃이고 국가이며 아들딸이었어

꽃의 귀향을 바라던 촛불, 그 촛불이 이곳에서 저곳까지 도굴된 국가, 귀를 펄럭이게 하였지
원고지 위 이 말이 혹, 닿거든
동거차도 늑골에 묻어둔 아버지 울음 거두어

꽃들아!
망연히 피워 올리고
꽃들이 국가이고 국가가 있는 곳,
그곳에서 순이 돋고 잎이 푸르른
꽃 이름으로 살길 학교 담벼락 안 교실에
시린 바람 한 자락

그리움이 무성한 밭 일구고 있다는 전언, 유물창고엔 노숙의 푸른 수의囚衣 파산선고 기다리고 있다

귀뚜라미 울음에 대한 단조短調

돌담 비집고 들어온 한 뭉치 울음
어둠에 피접한 뜰 안을 샅샅이 뒤지고 있다

선명한 마디가 푸르른 울음은 어느새 무성한 화단이 되었다

풍성한 소리
그 마디에 맺힌 색조들은
잎의 달팽이관에 겹겹이 쌓여
골목길을 털고
달빛이 펄럭이는 길마다 띄엄띄엄 선
전봇대 갓등 아래
길은 울음을 경작하고 있다

수다스런 한 소절이 능소화에 실려 허공에 송전되면,
담 밖으로 밀려난 전단지는
제 값을 흥정하고 있다

식당 앞 음식물쓰레기 통엔
낮 입술들이 쏟아놓은 말을 세느라
쉰내 뿌리가 덜컹거리는 틈새, 그곳에도 울음이 파릇하게 줄기를 뻗고 있다

생의 마감 끄트머리에 붙어
이른 잠이 깨워놓은 유모차를 미는
노인 발자국은 가벼워
그 부산한 울음 지우지 못하고 숨소리만 가쁠 때
인력시장으로 잽싸게
지나치는 움푹움푹 밟힌 발자국은
소리를 지우는 산통을 시작했다

어둠이 뚫린 뜰 안 소란은
늘 적당히 잠속으로 스미고,
그 울음의 소란 음표를 읽지 못하는
꿈, 헐값에 툇마루를 비워둔다

거문고, 그 언어

해죽海竹 술대[1]가 뜯으며 튕겨내는
명주 가닥마다 짙푸른 음의 자맥질 각혈을 시작하면
도리질치는 열여섯 지판마다
자욱이 맺힌 한이
대퇴골 절벽에 한 치의 망설임도 없이 팽팽한 닻줄을
띄운다

안방 문설주가 떤다.

미세한 주음은 부들의 고명을 타고
금보 위를 예藝도 없이 출렁이며
악성樂聖 옥보고[2]가 떠난 자리에 돋은
지리산 풍문 청탁하려 날갯짓이 한창이다

왈칵 쏟아놓은 현絃의 물 갈피에 고인 '하현도드리'가
시김새에 피었다

북창삼우北窓三友 중 으뜸이라는
백악지장百樂之丈 울림통에 핏발이 서면

용구龍口의 이빨에 윤슬이 서리고

여섯 현에 여문 생애
문현은 학문이라
유현은 높고 맑아
대현은 낮고 우람하니
괘상청과 괘하청은 안족에 머물러 혼음을 지키고
무현은 무예라,

이 어이 달이 슬어놓은 음 품이라 아니할까

일력에 적힌 치열한 혈서,
그 언어 말갛게 씻어 눈이 맑아 슬픈 새 산조로
육예六藝의 덕목 두 번째 악樂으로
시퍼렇게 날선 세상 희롱하시라

1) 줄을 퉁기거나 내리칠 때 사용하는 도구.

2) 9세기 중반 자신의 음악이 향락의 도구로 변질되자 지리산으로 자취를 감춘 뒤 50년간 30곡을 작곡함(신라시대 이찬 벼슬을 하던 옥공영의 아들로, 지리산 운상원에서 50년간 거문고를 배워 신조 30여 곡을 작곡해 속명득(續命得)에게 전하였음).

가야금 I

— 정악가야금

현침[1]에 걸린 안족[2]이 환하게 영혼을 번식시키고 있다

명주에 실린 달 울음이 과객을 불러 세우면
학슬[3]에 감긴 색사色絲가
어렴풋 하늘 불을 켠다

열두 줄, 음정은 파랗게 노숙한 이파리에 황야의 슬픔 흘리고

돌괘로 고정된 시나위는
울림통에 백합 한 송이 띄우고
손가락마다 나는 기러기는
봉인된 음역에 차곡차곡 햇살을 접고 있다

정간보[4]에 구술된 주문呪文은
영혼의 詩가 되어 낡은 언어와 접신하고

가야의 방언은 물관이 막힌 나무의 섬유질 지고 우륵[5]

을 투항시켰으니

인고의 십 년, 삭신에는 옴팍한 설움이라
공명통은 다 번역하지 못한
여음들을 갇히지 않게
필사적으로 부들에 부호를 꿰고 있다

열두 행간마다 우주를 품어,
그 공명이 굵은 모서리에 닿아
돋친 무늬에 독주獨奏의 침향무[6]

만개한 꽃말 엿듣고 신라의 치명상을 완창하고 있다

1) 열두 개의 홈이 피여 있다
2) 12줄을 받쳐주는 기둥. 음의 높낮이 조절
3) 줄과 부들이 연결되는 부분으로 학의 긴 다리처럼 생겨서 붙여진 이름
4) 정악의 기보
5) 가야의 우륵이 거문고를 들고 신라 진흥왕에 투항
6) 정악 가야금 독주

가야금 Ⅱ
— 산조가야금

손등에 맺힌 피멍이 가슴께로 휘돌 때
하얀 청음의 맥놀이는
푸르디푸른
영혼을 번식시키고

좌단에 놓인 손끝에서 질주하는 미세한 은비늘은 기어이 문설주를 타종한다

오선보 위 음계들이
수면에 음색을 입히고 하늘가 이파리에
활화산 되어 똬리를 틀면
붉고 붉은 편흔들이
손등에 꽃수를 파종한다

격음激音[1] 격음이 봉인된 봉미를 열자
양과 음이 푸드득, 허공을 해석 못한 천둥소리 깨알같이 흩뿌리고

엄지와 검지 품에서 곁잠을 자던 장력은 선방 풍경소리에 물가래 빛을 퉁긴다

문풍지는 아슴아슴
박자를 단단히 움켜쥐고
18현에서 쏟아지는
방목된 오음의 행선지를 묻고 있다

왼손의 농간으로
흔들리는 넷째 다섯째 손가락 마디마다 핀 꽃술
속살 열어젖힌 음보
문장 하나 품고,

천년의 심장소리에 갇혀 여물지 못한 언어 속아내 귓속 달팽이관을 닦고 있다

1) 물결이 부딪혀 흐르듯 거센소리

대금

팔색조 살비듬이
축축한 물확을 견디고
숨결이 청공에 서려
갈대 속살 청에 맞닿았으니
몽혼한 가녀림이
대나무관에서 투명하다

낮엔 둘
밤엔 하나로 교합하여
만파식적萬波息笛 젓대 음색
저 · 평 · 역취에
만개하니 지공의 여 닫힘에
흉통이 쿨럭인다

두 개
행간에 패인 골은
뼛속에 차오른 살 속, 자욱한 물소리를
온혈의 호흡이 정지시킨다

복제된 흰 숨은
위태로운 절벽에 펼쳐진 화선지 위에
음정을 조율하고

칠성공 자드락에
검 · 중 · 약지가 깃을 치면
음音 없는 허공은

내리꽂힌 촘촘한
소금의 맑은 음색 허리 굽혀 받아 적어
속 비치는 얇은 청,
초록빛 스며 배니 그 녹음 시대를 품어 안은 소우주다

해금

활대에 스친 아찔한 요염함
한 몸에 품어 담아
애절한 고백 휘젓는다

가랑가랑 활 질에
음울한 민중의 애환이 음향 공백 메우면
퇴적된 여덟 적음赤音,
자진모리에 부서진다

학 목에 메인 두 줄
체관이 분주한 언어를 해독하면
농익은 달팽이관
저 혼자 필사筆寫만 소복하게
팔음八音 칸칸이 씨앗을 품는다

감자비에 얹힌 울림통엔
돌가루 사이사이 음색이 사리 틀고
유현과 중현엔

누에고치가 토해놓은 명주가 탱탱하니
죽 뿌리에 돋은 물색
박 꼭지에 청 하늘 파문으로 번진다
석존이 정좌한 흙의 언저리에
송진 향 여미면
활대 가죽껍데기 음音 한 촉을 세운다
끊긴 물관 곧추세워
울림통에 그늘 드리우고

절제된 중중모리 팔음八音을 가다듬고 이식된 초음芭音은 묵향에 젖어든다

벌거숭이 굿판
— FTA 비준 결사반대

미세한 바람에도 촛불은 꺼지려 한다

벌거숭이라도 좋아라. 정征소리 경계를 허물고 있다

목메어 부른 자주自主 밤하늘 점점이 별이 되었다

시퍼런 보리밭처럼
깃발은 멍들었다
가뭄에 갈라진 논바닥 같은 입술에 선혈이 맺힌
낯익은 얼굴들
침묵의 파도는
기어이 불굴의 바위에 부서진다.
뿌리째 뽑힌 농부의 미소는
길을 잃고, 먹구름 서래질에 쏟아지는 별 따라
말이 없다
부를 노래가 없다
불러 물어볼 이도 없는
이 적막함
언 땅 협곡에서 바람이 일건만
펄럭일 깃발은 뉘 내렸단 말인가

태우자
태워 밝히자 동포여
저 바람길 앞에 촛불을 켜자
그리하여
내 친구와 아버지
그리고 동생이며 삼촌인 농부와 함께
들판 가로질러
언덕배기 보리밭이랑 이랑마다
미 제국 문서 FTA
그 시퍼런 눈깔에 똥바가지라도 퍼부어야
보리가 익지 않겠는가

아! 아!
벌거숭이 무당들이여
샴페인 거품으로 추악한 음부를 가리고
들어보라
쇠스랑과 호미
절규가 들리지 아니한가

금줄개구리[1)]

여기 안비선眼鼻線[2)]이 선명한 울음주머니를 잃어버린 울음의 체온이 있다

부단히 청하는 이 없음에도 떠났던 유랑 길 밤마다 잎바람 소문에 물그림자 방음벽으로 세워놓고 슬퍼 자지러진 소리 한 줌 내밀히 봉인했을 너,

이제 예 경안천변 습지에 네 울음의 음표 펼쳐두어도 좋으리

황금색손금 잎맥마다 닿아 수많은 지문 복사한들 뉘라서 쉰 독경소리라 하겠는가

서툴러 짧아진 걸음마다 이는 파동 그 지워지지 않을 잔상에 어둠이 깃들면 한 올 한 올 기워내 지독히 맑아진 울음 하나 길러 청각의 심상으로 푸르른 각막 이식시켜 풀섶 하얀 바람소리에 만개시키리

1) 양서강 무미목 개구리과의 양서류울음주머니가 없어 큰 소리로 울지 못하며, 물갈퀴가 발달해 있다.

2) 능 옆쪽에 2개의 금술 융기선 뚜렷한데 이를 안비선이라 한다. 우리나라에 서식하는 희귀종으로 현재 경안천생태공원습지에 서식지가 있다.

아버지 흔적 찾아 북어를 앞세웠다

언제 바다를 떠나 왔는지 눈은 퀭하니 바짝 마른 등지느러미에서 수평선이 어른거리고, 턱뼈가 빠졌는지 닫지 못하는 입에서 말들이 떨어지고 있다.

내 아버지 발길 머무셨던 흔적을 찾아 개울물 지쳐 오르는 나의 회귀길, 그 길을 몇 차례나 망설였는지 모른다. 마른 눈동자는 북어만이 아니다. 길을 헤매는 내 눈도 눈물길이 막혀 입으로 스민다. 맛이 바다다! 고향을 떠나면 이름을 잃는다. 북어가 그렇고 건너 동네 '끝순이' 도 '순영' 이로 바꿨다 애초의 이름은 늘 고향이다.

그 된 칼바람에 노랗게 속 익히기 전, 명태는 파랗게 날선 칼에 할복되어 사리사리 엮어 품은 알과 내장을 이식당했다. 동해를 베고 사십 년을 누우셨던 아버지 파묘破墓 때, 살은 흙으로 귀속시키고 공깃돌 같은 뼈로 나를 흩기셨다. 그의 고향은 함경북도 경원군 안농면 세농리시다.

이름을 잃은 적 없다. 그래서 고향으로 못 돌아가셨는지도 모를 일이다 아버지나 북어는 속이 비었다 텅 빈 속에 웅크린 생략된 수많은 언어들…… 냉대를 따라 지느러미 깃을 여는 명태도 바닷길이 막혔고, 아버지도 길에 닫힌 꿈, 통일이 그들의 잠일 것이다.

접시에 일자로 누운 북어의 눈빛을 이제야 읽겠다. 쩍 벌린 입가에 강원도 산골바람이 뭉텅뭉텅 쏟아진다. 덕장에서 얼고 녹은 백날의 시간, 미라 된 별호別號 북어!

마른북어 목 꺾고 보니 청 이끼가 돋아 아버지 그림자와 행간을 나눈다. 어긋난 고향을 가진 두 목이 영원의 궤도를 돌 때쯤이면, 건조된 바람 우묵한 이야기 쏟지 않을까? 그날 북 · 남 하나 되는 풍문들이 바다에 돛 하나 걸어 두겠지.

만년필

— 이기형 선생님 육필시 원고를 받고

또박 또박 절제된
시인의 육필시, 그 무게에서
구멍 난 오십 년
잘 다림질된 바짓가랑이에 날선
은유의 소망을 본다

파르르 떨리듯 응결된 붉디붉은 소망
시는 그렇게
민족의 어둠 부여잡고
뜬눈으로 봄을 파종하고 있다

촉이 닳아
무디어지도록 나는 무엇을 파종 하였던가
혹, 그리움과 슬픔
보조관념을 누더기같이 걸친
물비늘 냄새
물씬 피우지는 않았던가

이제 삭고 썩지 않을
길 하나,
길 하나 키우며 더디게 더디게 오는 그날

마침내 올 것이 오는
그날을 위해 대간에 지독히 서린
안개와 무게도 알 수 없는
그림자 무더기로 펴내는
은유의 옷 걸치지 않은 알몸이 되어

이 먼 그리움,

통일을 기다리는 뜨거운 한 줌 햇살이련다

나 죽어 부고訃告 쓸
만년필이여!

한 편의 영상을 두고 떠난 님

2009년이던가요
5월 23일 새털 같은 날, 새벽녘
메아리마다 핏빛 져며
날개 꺾이는 소리에 소스라쳐 깨어났습니다

우린 그렇게 깊은 잠결에 한 편 영상을 꿈꾸고 있었습니다.
영상이 채 종영되기도 전 우린 주연을 잃고 말았습니다
주연이시여! 님이시여!
손끝에 닿을 그림자 한 자락도 두지 않으시고
그 먼 길 홀연히 떠나셨습니까

무슨 신세를 그리 많이 지셨다 하시나이까
어찌 님께서 우리의 짐이 되셨다 하시나이까
운명이라 하지마소서
자연의 한 조각이라 하지 마소서
님은 우리의 길이셨습니다

민족통일의 젖줄
민주주의 촛불
광주 5월의 잔상
그리고, 그리고 말입니다
조각 조각난 지역주의를 꿰고 꿰시다가
기어코 바보가 되신 님이시여

돌아오소서

우리가 올올이 엮어낸 여직 희미한 염원의 디딤돌이
쩍쩍 갈라지는 소리가 들리지 않으시나이까

돌아오셔서
거짓패의 선명한 날을 무디게 하는 길이 되어주소서
보이십니까
님을 그리워하는 반상이 소나기에 흠뻑 젖어
국화꽃 숲을 이루고 있음을

님은 떠나셨어도 우린 떠나보내지 않았습니다
님은 우리 곁에 영원히, 아니 내가 죽고 우리가 죽어도
님은 살아 계십니다

아무렴요, 살아계시지요
바보의 무릎을 베고 그렇게 잠이 들어 한 편의 영상을 그리워합니다

안녕에 대한 자화상

밤이 꼬박 지나는 동안 나를 가뒀던
　　창문들이 빨간 눈알을 굴리며 잘 잤다는 것
창문을 가뒀던
　　거실 미닫이도
미닫이를 위해 초병 선
　　대문도 달그림자 유혹에 부동자세로 안녕하다는 것

미동도 없었던 밤새 나를 파먹었던
　　통증도, 꿈의 발기도
　　점포의 자물쇠 봉인도, 점포 안 의자와 책상도
경안천 징검다리 건너와 담장 안 꽃들을 깨우는
　　표류 속에서 이는 바람도
　　나를 지탱했던 벽도
슬픔과 분노, 화해와 언어, 낱말들로 가득한
　　책장 안 책들의 알몸도
　　그 빔으로부터 안녕하다는 것

밤의 정적에 깃들었던 과거와 미래로 점멸했던 유성도

이미 멍들어 열어젖힌 상사화도
비스듬한 척추에 매달린 불완전한 명사, 모과도
과녁을 찾아 해매는 원고지 위 옹이처럼 자란 속청도
밤의 침향으로부터 안녕하다는 것

피우고 싶은 대로 피워낸 자유, 그 자유의 방울소리가 가득한 안녕!

우리 곁을 떠난 단원고 학생들의 위패도
웃음도, 조잘거림도, 숙제도
촛불의 농에 데여버린 기만 술책도
거짓과 위증, 가증의 뻔뻔스러움도
얼룩진 까만 밤으로부터 안녕하다는 것

나는 안녕의 안녕이 왜 이리 낯설고 위태로운 것인가
그 부재 원인을 찾고 있다

고요하다.

침묵이 삼켜버린 권력을 찾아 피 냄새를 맡는다

무감각 망망대해에 방목된 날개 젖은 날것들도
늙은 유물들도
그 얄궂은 증거들의 안녕!

안녕은 늘 생소하고 나는 그래서 서툴다
것들의 자화상은 비 내리는 어느 발자국에나 고이고 넘쳐 쉰내가 난다

안녕이라는 것들, 망가진 화살의 거부된 문장이다

모과나무

협치와 상생으로 열매를 키우고 있다

어느 늦봄부터 맑은 바람 심장에 데워 피워냈던 연분홍빛 꽃으로 갈등은 시작되었다

파란 진드기가 통보도 없이 주권 침해를 시작하고
나무의 지공과 혈을 막아, 잎마름병이라는 악성종양은 전이를 거듭하여
막 순산한 과육을 도륙하기 시작했다

독선은 온전한 열매를 지킬 수 없다는 진리, 새순 뼈마디를 내주며 길을 만들었다

진드기는 변태하고 진화하며
바람길 마저 먹어치운다. 이제 나무의 깊은 울림통
상생의 위태로운 관館에 묵고 있던 손遜을 초청한다. 협치가 시작되었다

개미는 파란 진드기 단물을 빨아 전이된 새순의 뼈마디에 물관을 펌프질하며 혈맥穴脈을 뚫는다

종양은 사라지고 주권은 회복됐다
육과를 얼마나 샛노랗게 익혀낼지 상생의 가을 기다려볼 일이다.

개미의 지혜가 사뭇 돋보이는 모과나무는 협치란 인문학을 열독 중이다

제2부
곡운구곡 시비에 대한 답신

감나무 소묘

담장 밖을 엿보려 뿌리를 곧추세우고
온몸에 굳은살 움켜쥔 아귀에 햇살이 자꾸만 피접을 권한다

해거리를 한다는 사실
허공에다 예시하고 몇 개 돋지도 않은 꽃잎은
천둥 번개바람에도
닫힌 혈맥을 채근한다

올 한 해 새벽 발기도 멈추고
망가진 관절 마디마다 풍화를 덧쌓는 틈에
어둠을 침몰시키며
넘치는 양수, 물관에 닿았다

작년 첫 햇살에도 잉태를 소홀히 한 가지의 귓바퀴에 허연 각질이 성성하다
이제 지상으로 꺾여 망막을 잃을 것이다

그렇게 감나무는
한 해 문장을 얼개치고
아득한 그늘 하나둘 포개 접어
띄엄띄엄 소멸의 두엄을 쌓고 있다

엽록소를 잃고 돌이킬 수 없는 색의 언어로,
곧 환승할 포획된 나이테에 기대 수태의 자궁 건조시키
는 사이
짙은 잎마다 새소리 경작하고
계절의 관성은 조개구름을 캐고 있다

바지

외면하는 나를 응시하는
눈빛에 선 예리한 날

긴 시간
내 손길이 닿지 않은 바지가
장롱 천장을 딛고 서 있다
나를 입기 위해 가랑이를 만들고
버거운 욕망의 뱃살을 구겨
팽팽히 지탱했던 바지
지독한 이기심에 헤진 시접 사이로
불쑥불쑥 돌기되어 뜯긴
성욕의 실밥이 풍선 꺼지듯
품은 바람기를 토해 놓는다

더는 여밀 수도
넓힐 수도 없는
서로의 시간 벗어 포개놓고
짙게 베인 정사 냄새

그 다비식을 치러야 할 시간이다
문 듯 바짓가랑이 솔기마다
구겨지고 색이 바래
헐렁해진 생애, 그 인연이 풀려버린 사이로
시어들이 소복소복 사리를 튼다

곡운구곡谷雲九曲 시비詩碑에 대한 답신

제1곡 방화계榜花溪

〈시비詩碑 원문〉

일곡이라 세찬여울 들어오기 어려우니
복숭아꽃 피고지고 세상과 멱하였네
깊은 숲 길은 다해 오는 사람 없으니
어느 곳 산가에 사는 사람 있으리

〈답신〉

바위의 관절마다 만개한 꽃술
산 그림자 비켜서고 골짜기에선 혼곤한 물줄기가
화선지 펼쳐두면 자박자박 새소리
천생의 풍경화를 그리는 곳

그 먼 발자국은 은둔의 낙관 찍어
여울에 띄워 보내니
끊긴 숲 길 고스란히 이어두자 하네

찾아드는 손飧,

소용돌이 이루니 무지개는 지워지고

무이도가 운, 차운한

김수증 지은 詩에

파랗게 질린 산나물 저녁 찬에 올랐네

제2곡 청옥협靑玉峽

〈시비 원문〉

이곡이라 험한 산에 옥봉우리 우뚝하니
흰 구름 누른 잎은 가을빛을 발한다
걸어걸어 돌사다리 신선세계 가까우니
속세 떠나 몇 만 겹 물어온 줄 알겠네

〈답신〉

우뚝 선 산봉우리 산 그림자에 여울지고
흰 구름에 쓰인 초서
읽어낼 수 없으니
아!
어찌 가을이라 하겠소만

돌사다리에 걸린 달빛
낡은 잎에 사리 트니, 그 또한 신선이라

부딪혀 조각난 돌무덤에 고인
발자국이 수위를 맞추느라 여념이 없구려

거친 물살 울음마다
쿵쿵 금간 바윗돌이 속세 등지고 앉아
억겁 흐른 시간 시침질하고 있네

재 너머 청옥靑玉처럼 고운바람 살포시 내려앉아 붉은 잎맥 키워내니
그 또한 이곡의 가을이 아니겠소

제3곡 신녀협神女峽

〈시비 원문〉
삼곡이라 빈터에는 신녀자취 묘연한데
소나무에 걸린 달은 천년을 흘렀세라
청한자 놀던 뜻을 이제사 알겠으니
흰돌 위에 나는 여울 그 모양이 아름답다

〈답신〉
빈터는 서둘러 진화한 쾌락으로
신녀가 발신한 전언 퇴적층으로 쌓여 있네

천년을 쉰 달은 기어이 증발하여
소나무는 그림자마저 텅! 비어 촉각만 읽고 있고
청한자 놀던 자리, 당돌한 무지개만 기울어
들끓는 행간의 여울은 가사상태가 되었네

너럭바위 누워 굳었던 하소연은
화들짝 열어젖힌 하백河伯[1]의 발자국에
꽃봉오리 그리고

벽산청은碧山淸隱[2] 신비스런 정취와
맑은 정경에 취한 햇살 청은대淸隱臺에 걸터앉아
부드러운 곡선, 신녀의 흰 돌 희롱하네

1) 강의 신이라 한다
2) 김시습의 법명

제4곡 백운담白雲潭

〈시비 원문〉
사곡이라 시냇물 푸른 바위 기대보니
가까운 솔 그림자 물속에서 어른댄다
날뛰며 뿜는 물 그칠 줄을 모르니
기세 좋은 못 위엔 안개 가득 끼었네

〈답신〉
푸르른 시냇물은 순청색 돌빛 품어
곡선에 놓은 무늬 거북등에 앉았네
이 어이 정겹다 아니할 수 있으랴!

물에 뜬 솔 그림자 물거품을 빛 가리 치니
정약용이 지은 이름 백운白雲의 기운 넘치고
아! 어찌 묵언이랴!
김수증이 지은 설운雪雲 물살이 넘치고 남네

언제나 흰 구름은 센 물살에 흩어지고
용龍이 목 축일 적에
눈구름에 적은 초서 송정교에 돋아나네

거북과 용 미려하여
천년 세월 물에 씻긴 기암괴석
그 곡선이 반석이니

천인千人의 자맥질에
솔 그림자 안개에 젖어 구렁으로 비켜선다.

제5곡 명옥뢰鳴玉瀨

〈시비 원문〉
오곡이라 밤은 깊어 냇물 소리 들리니
옥패를 흔드는 듯 빈 숲 속에 가득하다
솔문을 나서면서 가을밤 고요한데
둥근달 외로운 거문고 세상 밖에 마음이라

〈답신〉
밤은 깊어 산중인데
낮게 엎딘 바위 타고 흐르는 물살
거문고를 뜯고 있네

옥 부서져 흐른 沼에
달빛 소스라치게 산 그림자에 잦아들면
빈숲 맑게 비추는 물빛 돋아

면경面鏡에 비친 길손,
발걸음마다 가을빛이 여무네

거문고 줄에 걸린
맑고 온화한 물길의 자태는
지나치는 이마다
경건 하건만

玉의 청음!
경솔하게 바람벽 세운 업보
낮달이 가만가만 하늘 강섶에 길 잃은 나그네
이정표 세워둔 자리에

묵주 꽃 흐드러져 거문고 물살을 조절하고 있네

제6곡 와룡담臥龍潭

〈시비 원문〉
육곡이라 그윽한 곳 푸른물을 벼개삼고
천길 물 송림 사이 은은하게 비친다
시끄러운 세상일 숨은 용은 모르니
물속에 들어 누어 한가히 사누나

〈답신〉
경작된 푸른 昭는
유품 같은 베개 아래 수의를 짓고
저만치 일생이 짧았던 물길 낮잠에서 깬
소나무 그림자를 파종하고 있다

어쩌나 사나워진 세상은 증발한 용龍, 빈사상태를 알까마는

사방의 능선은
진화를 멈춘 분지에
겹겹이 물빛만 쌓아두고

산허리 깎아 단축된 길 마디는
주섬주섬 홑이불 챙겨
얼비친 昭에 시린 별빛 줍고 있을 때

발자국 쌓인 퇴적층 여울물에
숨은 용 비늘, 하나 둘
창직昌直[1]이 읊은 '長臥波心自在閒[2]'에 덧칠을 하고 있다

1) 김수증의 아들.
2) 창직의 詩 중 일부.

제7곡 명월계明月溪

〈시비 원문〉

칠곡이라 넓은 못은 얕은 여울 면했으니
저 맑은 물결은 달밤에 더욱 좋다
산은 비고 밤은 깊어 건너는 이 없으니
큰 소나무 외로이 찬 그림자 던진다

〈답신〉

칠곡 넓은 못은
풍화에 묻혀 오간데 없고
얕은 강심 자갈돌 구르는 소리에
달빛이 어지럽다

밤 깊은 빈 산자락엔
맨발 슬리퍼 끄는 소리 요란하여

沼에 웅크린 송사리 유혹하는 어항 속 깻묵만 물살에 부서진다

큰 소나무 나이테는
어느 매운탕 소반으로 등이 굽어
찬 그림자 데워놓고 소주잔에 익어가는 여울만
영당교 난간에서

푸른, 솔 무늬 베고 누워 퇴적된 패천浿川 조세걸*을 경작하고 있다

* 당대 최고의 화가 패천浿川 조세걸曹世傑(1635-1705) 〈곡운구곡도〉를 그렸다.

제8곡 융의연隆義淵

〈시비 원문〉

팔곡이라 함은 물 아득히 괴어 있고
때마침 저 구름 그늘을 던지누나
맑기도 하여라 근원이 가까운가
물속에 노는 고기 앉아서 바라보네

〈답신〉

쌓인 꿈 더해놓고
괴인 물빛 청아한데 살갑던 풍경
오간데 없고

바다에서 노닐던
고래 등만 켜켜이 닮아 화석이 되었네
구름에 걸린 그늘
잠적한 하현달을

싸늘하게 침몰시킨다

가까워서 먼
맑은 물길은 여전한데
물속에 노니는 고기 없으니
이 어이 민망하지 않으랴

제갈량과 김시습
절의에 바쳐진 이름 앞 더 깊고 긴 속울음이 애절하다

제9곡 첩석대疊石臺

〈시비 원문〉
구곡이라 층층바위 또 다시 우뚝한데
첩첩히 쌓인 벽은 맑은 물에 비치네
노을 속 저 물결 송풍과 견주우니
시끄러운 그 소리 골짜기에 가득하다

〈답신〉
층층이 쌓인 바위
우뚝함은 사그라들어 기댈 곳 없으니
맑은 물에 비치는 건
취객의 장삼자락 뿐이로다

노을은 망막에서 비켜서고
물길만 아스라이
거품 일구고

솔바람은 수도승 푸른 이마를 흘기고 섰네

잦아드는 적막은
철망 문 안에 머무니
가는 길손 맞아들일 길을 잃었네

골짜기에 가득한 것은
위축된 산 그림자 뿐, 눈빛이 헐렁하다

詩碑에 기댄 바람만
구곡을 눈치 챈 듯 소소한 낙관 흐려 찍고 있다

플라타너스 서시

사무실 창밖에 허다한 새들 울음도 떨어져 내리지 않는 플라타너스 가로수가 있다. 소리sound와는 사뭇 다른 소음noise 120(dB) 데시벨, 그 난폭한 힘이 뚫고 들어와 거칠게 갈라진 누더기 같은 껍질을 시침질하고 섰다.

어머니는 소리sound엔 꿈쩍도 않으시지만 목에서 뿌리째 솎아내는 소음noise에는 미소가 벙그신다. 소리를 잃고 눈의 직관으로 들으신다. 달팽이관 자양들은 5남매가 '엄마' 라 부른 숱한 소음을 소리로 변절시키는 동안 맨발이 되었다. 속이 타 까만 재가 푸석 내려앉는 소리,

소리에 갇힌 줄 모르고 속 깊은 침묵 가만가만 더듬는 이파리,

짙푸른 빛으로 익은 플라타너스 잎 사이 미풍이 일면 훤칠한 새소리 눈에 띄게 불어 사무실 염탐할 때 소음은 오소소 원고지에 내려앉는다.

몸 한 쪽

새에게 둥지를 내어 주고도 묵묵하게 결 삭힌 나뭇가지에 고즈넉한 바람이 소음 잠재우면 물관이 우듬지로 샛길 내고 노을은 가랑가랑 잎 새에 詩를 짓는다.

플라타너스는 도시 네온을 소리sound로 담금질해 차곡차곡 수직으로 쌓으면 나는 그만 어머니 젖무덤이 그리워 잇몸 지그시 그리움 재우고, 원고지 칸칸 시침질한다

헐값의 침묵

말고삐를 놓쳐버린
마부의 모습으로 첫새벽 언저리에서
그대, 책장을 바라본 적 있는가
슬픔을 슬퍼하지 않는 오기를 본 적 있는가
군데군데 곰팡이 핀
중증 언어장애인
헐값의 침묵을 본적 있는가

여직, 어둠은 제련되지 않았건만
뒷골목 어딘가 허기진 신음소리
그대, 태연한 목마름이여!

귀청을 찢는 스텔스기 외마디
귀머거리가 되어버린 지식이여
벨의 싸우겠다는 호언장담,
혀가 굳어버린 헌 책꽂이의 침묵이여
피 묻은 양손으로 조국의 목덜미를 낚아채려는
음모의 발소리

들리지 않는가
그대 깨어나라
동이 트고 있지 아니한가

치 떨리는 가슴으로
조국을 노래하라
그대 흐느낌으로 통일을 쓰라
책장 속 가지런한
그대, 그날이 오면 무엇으로 변명하려는가
말言을 품고
숨죽여 흐느끼는 중·증·언·어·장·애·인
책장 속 침묵이여

단상 1
— 토마토에 대하여

베어 물면 씨눈들 양수에 촘촘히 얼개를 치고 있다

그때마다 점잔치 못하게
줄줄 흘리는 양수로 인해 앞섶은
늘 푸른 뭉게구름 뭉글뭉글 피워 내지만
어쩌겠는가!
토마토는 턱 관절이 없는 것을

어쩌면 토마토는 속 슬픔을 양수로 말하고 있는지도 모르다

아싹한 살 무덤과 아픔
목울대 타고 넘기면
그 마지막 묵언 남기고픈 흔적일지도
뭉게구름 스치는 미미한 바람도
혀끝에서 자맥질하는 것을

탐스럽던 살점 심혈관을 유영하고 울컥 쏟은 흔적은 그

의 언어일지도 모른다

붉디붉은 자리에
짙은 푸른 멍 자리는
아린 육즙으로 읽을 수 없는
언어이기에

난 그만 줄줄, 화선지도 없이 수채화를 그리고 만다

단상 2

— 말벌의 불법 건축에 대한 美學

추녀 아래 언제부턴가 사용하지 않는 작은 테이블이 놓여 있다

턱을 괴었던 자리엔
정확한 포지션도 없이 빗물이 튀어 이끼가 성성하다

사전 통보도 받은바 없는데
도둑 측량을 마친
불법건축물, 그 모습이 허공에 얼비치고 있다

윙윙거리는 인부 몇몇 끈임 없이 들고나며
건축자재와 침을 섞어
층과 외관 골격을 쌓고 있다

도대체 저 불법건축물이 얼마만큼 허공을 잠식하고 멈출 것인가

찌는 듯한 더위

쏟아 붓는 빗속에서도,
휴일도 없이
노동의 날갯짓 멈추지 말라 감시하는 저들을 고용한
사용자는 뉘란 말인가

근로기준법 제4장과 제5장의 탱탱한 규정도 지키지 않고 혹사시키는 자,
늘 풋내가 질펀한 외관을 순찰하며
캄캄한 구멍에 웅크리고 있는
몸집에서 젖내가 물씬하다

서늘한 그늘 내음이 잔뜩 배어 있는 여왕의 잔인함은 그저 살육 현장의 증인일 뿐이다

단 한 마리 암컷도 용납하지 않는 여왕!
허공엔 칼자국만 선명하고 생전의 꿈도 여물지 못한
사채, 물렁한 유언도 없이 말라가고 있다

불법건축물, 그 안에선 여린 풋내들이 피접 날갯짓에 여염이 없다

겹겹이 기워낸 완강한 등고선에 노동의 신음이 깊어지면
빛도 없이 키워낸 몸 사리 허공에 빗금 치듯

노을에 핏발 선 예고장 **'유치권 행사 중이오니 접근금지'** 돌돌 말려 나오는 완강함에 단내가 향기롭다.

단상 3
— 전지하던 날

한 무더기 그늘이 시들고
시드는 그늘은 허공이 되어 한 움큼 햇살을 퍼 올리고 있다

날카롭게 잘려나간 관절 일부는 외마디 비명도 없이
한 아름 그늘 사이에서
다비식 타래에 염殮할 채비를 하고 있다

잘려나간 물관은 허공에 그림자를 파종하고
또 다른 관절을 구상 중이다

그늘을 탈취당한 기와집 한 모퉁이에
하현달이 덩그러니
창문을 기웃거리면
서랍처럼 닫혀 있던
그림자 한 무리 출렁이던 무게를 줄이고

땅에 스민 그늘은 첫 눈뜬 산 그림자 품어 안고 잘린 물관 아릿한 속울음을 자박자박 걷어내고 있다

그날 짧은 그림자 품에는 그늘이 없었다

가시연꽃

빗방울마저 경계하려는 듯
가시를 촘촘히 세운 저 지독한 자존심
그 매서운 맘으로
깃 찢어 봉기한 소소한 보랏길
굴복하지 않은 투쟁으로
성문 열고 아픔의 신음 한 마디 없이 촉 세우고 꽃말을
지었다

오, 만일에 우리가
가시연꽃처럼 살갗 찢어
분노한 노랫말을,
그 지하에서 노랫말 지었다면
침묵하지 않고
악천후의 나날에도
파렴치한 저 간악한 무리들에게 가시방패
기꺼이 세울 수 있었을까

못 위에 띄운 행간마다

유유자적 세운 꽃대
저리 소소한데
쉰 물에
음침하게 피운 촉 위선은 아닌가
몸에
입속에
가시가 돋는다

내 안의 길
— 내시경 받던 날

산모의 자궁이 열리듯 명치 대문을 열고 더듬이 수신호가 속도를 더한다
비릿한 어머니 젖 냄새가 있고, 아주 가끔 두 손 모았던 기도 소리가 들어와
묵기도 했던 곳, 헛구역질에 빙벽이 녹아내리듯 맺힌 눈가에 문득 암각이 나타난다

내 몸에 길이 있었다

그 길 지난 알콜 무늬는 뼈처럼 남아
간에서 바위가 되었고
까맣게 그을린 것은 나무를 땔감으로 쓰는
아궁이만 아니었다
밀폐된 상념 속에서 일으킨
담배연기 회오리는 폐에 실금을 그었다
링거액이 흐르는 푸른 길엔
무너져 내린 토사에 수평선이 아득하다
발기된 성기처럼 온몸에 돌기된 두려움

가난한 빈 그릇 속으로 빛이 스민다
기침 속에서 떨리는 심장이 저울질 당하고
바늘 눈금이 파르르 떤다
밖으로 뚜벅뚜벅 걸어 나온 위로 까만 화면에 붉은 명암의 수채화를 그린다
어쩌지, 내 숨긴 욕망이 화폭에 정물로 옮겨지면

도대체 나에겐
얼마나 많은 길이 있길래
그럼에도 정작 지나야 할 그리움은 몸 밖에서 서성인다
눈물이 가만히 상처를 더듬는다

아라리를 시식하다

— 정선군 대표음식 10선 중 '감자 붕생이밥'

그날 아라리 촌녘 밥엔 붕실거리는 밥알은 없었고
봄의 씨눈만 찰지고 옴팍지게
시린 시절 맑은 바람 켜켜이 쌓아
헛바람을 뭉텅뭉텅 쏟아놓고 있었다

그때,
그땐 아마도 잇몸에 척하니 달라붙은 찰기도 허기였으리

얼기설기 싸리담장 헐은 완두콩이 뚫고
곡진히 받든 입술의 파란 점, 그 육질은
꽉 닫힌 목울대의
슬픈 맥이었음이니

몸과 몸이 홀연히 다가오는 것은 밥알이 없던 밥의 혼재된 기억

내 몸 아딘가에 구슬픈 아라리 가락이 튕겨 쉽다

어스름 낮달 뜨락에서
정선아리랑에 혼곤한 붕생이밥 찰진 허기 시식하였다

천신당天神堂

구름다리 모서리에 변절할 수 없는 포개진 다리들이 설핏 낯설다. 내가 알 수 있는 몇몇 그림자는 늘 선명하였다. 인기척도 없이 다가서는 저, 아니 큰어머니는 뉘이고 형 누나는 뉘 이던가 이승에서 일면식도 없던 이들 나를 까무러치게 한다. 일상 흐드러지게 뛰 노니는 무녀의 발성이 다르다. 깊디깊은 물길 저편 기억의 편린들 조각 맞춤에 숨길이 둔해진다. 낯설지 않은 저 목소리 한 움큼 허락도 없이 냉큼 가슴에 들어앉는 것이라면 내칠 수도 없는 노릇이다. 어느 다짐도 없이 까마귀 하품 난무하는 곳, 천신당天神堂에 들어앉은 내가 귀신일 게다. 연신 내게 고맙다는 무녀의 깡마른 음성에서 감칠맛 나는 애기 음성이 들린다. 등골을 타고내리는 냉기가 땀에 젖는다. 순간 이들과 마음 섞는 일에 파란 번갯불이 어깻죽지를 후려친다. 천신天神을 입은 무녀를 빌려 내게 찾아든 여려 꺾이어진 새, 파닥이지도 못한 채 제국의 대리전에 죽임당한 외로울 적 그리도 갖고 싶었던 이름 '누이와 형' 차마 내가 가질 수 없었던 보석 같은 단어, 미움이 솟구친다. 갈가리 찢어놓을 패권주의 벽사리, 그 목소리를 부둥켜안고 무녀가 된다. 시간에 부딪혀 조각난 길에 내 따스한 품이 있다면 내어드리리. 내게 그저 애기이고 내 아버지의 싹, 천신당에 나부끼는 해맑은 미소 가락이 밤을 삼키고 있다.

양파에 대한 서시序詩

내가 붉은 가을 회음부 밖에서
서성이는 것은
분기탱천한 탱자나무울타리 가시의 경비 탓이 아니다

농부 한숨을 움켜쥐고
마른뿌리 허공에 둔 채
양파가 켠 푸르른 촉
제 몸 육즙을 빨아 켠 저 푸른 촉이
어머니의 아들
바로 나와 닮았기 때문이다
나는 얼마나 많은 어머니 즙을 빨아
여기까지 대궁을 키워왔는가

세월의 사슬에 유린되어
볼품없이 떨군 한 生,
나이테를 빼곡히 접어 11월 홑 바람 앞에
푸석 자진하는 양파에게서
선명한 어머니 주름을 본다

탱자나무 잎이 진 자리에
잎처럼 열린 파란하늘 무게만큼
어머니는 또 얼마나 가벼워졌겠는가

풍선처럼 부푼 내 욕망의 무게를
언제라도 터뜨릴 기세인 저 탱자나무울타리 앞에서
내가 궁리 중인 것은 가벼워지는 것,
자진한 양파로부터
외로움 한 모퉁이를 베낀다

압각수鴨脚樹[1)]
– 용문사 은행나무에 대하여

업진 그늘 인연처럼 끌어안고
억겁의 세월 변용되어 해탈한 성명 석자 우듬지에 세운 행杏자여!

하 천년 맥박 조금씩 증발시키며
그늘을 건조시킨 햇살 한 움큼 하얀 뼈를 저장하고
외로움에 지친 굳은 나이테는 독락獨樂의 성자가 되었다

용문사에 멈추어선 유일성唯一性,
그 행간마다 불시착한 이력이 발효된 정자를 수태하여[2)] '은빛살구' 를 순산했다

하 천년을 경敬에 대한 밑줄 그어놓고 서랍처럼 닫힌 계단 오르며
화석 같은 수억 년 바람결에 세어놓고
도사린 슬픔 촉처럼 다가서면 먼 행랑 언어는 노랗게 마음 섞을 수위를 조절한다

일편단심, 그 모진 외로움 견디고 사초 부록 쓰듯 엽록소 휘갈긴 초서
공손수公孫樹[3]에 얼비치면 공자의 행단은 설법을 시작한다

허술한 갑옷 사이로 솔기자국이 선명해지면, 홀로 견뎌야 할 적막한 절창 목탁소리에
바람도 화석이 되어 일력을 파종한다

절간 저녁 공양 끝나고 잎 바람에 풍경소리 자지러지면
섬세한 잎맥 자궁은 정충을 유린한다

1)오리발을 닮은 잎을 강조한 어원
2)은행이란 말은 중국 북송시대부터 사용한 은행나무의 이름이다.
3)손자 대에 열매를 맺는다는 뜻

카멜레온 채송화

'폐문부재閉門不在'

그럼에도 애타게 기다리는 이는 몸의 균형 유지하며 밖을 서성이고 있다

다시 허공에 얼비치는 낯선 입담 한 토막
"closed"
얼결에 잡혀와 밖을 지키며 목줄이 찰랑이는 숙어 한마디,

그럼에도 쓰다듬고 몸 부비여 명주바람 날리며 애타게 서성이는 단골손님이 있다

오전 08時 30分, 폐문부재 활자도 closed 숙어도
먼 산자락에서 불어오는 박초풍[1]에 안개 걷히듯 걷혔다

색색色色이 열리는 문을 비집고 들어서는 발길이 부산하다

주문도 없이 온몸으로 메뉴를 비비고 빨아
시간을 지워간다

화분花粉과 꿀의 울음,
아낌없이 내어주고 홀쭉해진 몸집으로 부딪혀 조각난 꽃술에
마음 씻어 탁한 시간을 다듬고 있다

입술이 닫힐 정오 삼십 분 전,
이제 초침과 분침이 수위를 조절하며 밀어를 재회시키는 순간이다

다급해진 단골들은 시간 알람과 빛의 환청으로 오므라지는 폐문을 알고 있다

그 순간 놓치지 않으려는 몸짓은
닫힘에 대한 역학을 거부한 채

비집고 들어가 단 한 올의 단맛마저 춤사위로 빨아
다시 열릴 공공연한 풍문도 거부하고,
GPS 수신도 없이 뭣바람 품새를 익히며 서성대고 있다

단,
3시간 30분
화려한 외출은 초록 아가미 속으로 영면하고 배회하는
나그네 발길이 쉽다

1) 음력 오월에 부는 바람

제3부

구월 15時 30分, 그리고 17時 30分 사이

담장이 있는 집

살포시 뒤집힌 첫째 자음 딛고선 기와용마루
달빛에 흔들리는 모음의 한 그림자 앞섶 돌팍 부딪는 소리를 삼키고 있다

동창을 힐끔거리며 서로 의지한 채
수없이 쏟아냈을 무성한 소문은 기척도 없이 담장 위를 서성이고
산등성에 그을린 가로등만 어둠을 토해내고 있다

어설피 포개진 환영幻影에 스친 슬픔은
늘 몇 장씩 페이지를 넘기며 낙관된 부호들은 까칠한 비밀의 영역이었다

집요하게
살포되어
몸속통로
파고드는
밀봉된 문고리는 한 점 몸 소모하지 않고도 빙점의 밤을 채집한다

울컥,
젖어 메이는 울음 한 조각이
목울대를 들출 때

깃을 친 골목은 하루치 퇴직금을 보상하는 어느 발걸음에 변심한 파지 한 뭉치를 떨군다

여직 유영도 없이 기대섰던
작심한 子音이 母音의 품 벗어나 한 획을 긋자
덜컹거리는 어둠 사이로
와락 민감하게 반응하는 그대 뉘시던가?

담장 안 집 한 채
적정의 어둠 끌어안고 발화점을 찾아 뒤척이고 있다

메타세쿼이아

시퍼런 계곡에서 선 채로 입적하여 무르팍에 핀 그늘이 풋내를 풍겼다

그대를 품에 안은
모다오[1] 계곡엔 벼랑을 타고 오르는 이끼 내음
일억 년을 핥아 빛두레가 성성했다

어느 손길도 마다한
곧고 푸르른 절개 치열한 역사서歷史書 꾸며놓고
쏟아버린 푸른 수의
곳곳이 꽃잎의 붉은 수액 흥건했다

부드러운 잎마다 새들이 깃을 치고
수삼水杉[2]의 명패 속으로 굽이치는 물관은
수꽃을 잉태했다

자지러질 듯 노란 가을 불러 세워보니 까마득한 잎 진 우듬지에 영롱한 사리舍利 이끼빛 피었다

억겁의 울음 속에 핀
끊긴 세월 이랑엔 고해한 흔적 가윗날이 스치고
허공엔 낙우송洛羽松 닮은 쌍둥이
그렁그렁 화석이 된 채
제 몸에 판근板根[3] 고랑 파느라 해거름을 잊고 있다

1) 중국 쓰촨(四川)성 양쯔강 상류, 지류 모다오시, 모다오 계곡에서 1941년 메타 처음 발견
2) 중국에서 물을 좋아하는 나무라서 붙여진 이름
3) 속성수라 높이 자라며 균형을 잡기 위해 밑동에 골이 생기는 현상

촛불 Ⅰ
— 그 1년의 언어

나는 오늘 시가 아닌 분노를 쓰고 있습니다

차가운 은하수로 장식된 어두운 밤하늘 아래 메아리는
점점이 혼불로 쏟아내는
슬프디 슬픈 언어,
그것은 단 한마디 위임의 닻 내리라는
흔치 않은 외마디 비명은 아니었습니다
꼭 있어야 할 숙명적 소풍이었지요

나는 오늘 시詩가 아닌 국가를 쓰고 있습니다

너무 흔하고 가까이 있기에 그 가치를 잊고 살았던 단어
이제 1700만 개 촛불이 넘실대는
솟대 위로 가물거리는
어디에도 없는 국가란 언어,
국가가 너무 그리워 부르다 지친
민심이 초겨울 바람에 내쳐 옷깃을 여미지요

나는 오늘 시詩가 아닌 한숨을 쓰고 있습니다

어찌 이러할 수 있을까요 기껏 일천오백 날 역사 속에
내가 살아낸 것이 이리 부끄러워
촛불 소등한 위로 흐르는 입김의 언어
찬 서리로 희뿌옇고, 손에 손들이
남기고간 낙관은 영면에 들고 곡예를 일삼던 정적은
근정전단청 아래 모의의 비파를 불고 있겠지요

시가 아닌 분노와 국가, 그에 대한 한숨으로 지어진 한 올 눈발에
태극기 오욕의 편린을
노란 리본으로 환각처럼 허화하고
기어이 각혈을 하고 말았습니다

워킹 푸어working poor

신 새벽
한강의 혓바닥 같은 강변도로
빨갛게 충혈 된 눈들이 꼬리를 물고 있다

빈곤한 허기 강냉이 죽 냄새가 난다

한때는,
보릿고개가 턱턱 신물이 오르던 때
외할아버지는 된장국에 떠 있는
구데기가 제공한 단백질로
20여 마지기 다락배미 부치면서
빈곤을 자처했다

비까번쩍하던
새나라 자동차 한 대 굴리면
허기에서 제외되리란 꿈을 반죽하여
머구리 철두건 쓰고
짠 내 부푼 해삼을 건져내던 외삼촌
그 아들도 SUV 4륜구동 자동차를 굴린다

여직 그들에게도 비린 밀가루 떡 냄새가 난다

백만원 만 있으면
집도사구요 비행기도 산다는
구성진 이름 모를 곡, 불러재끼던 동호
그는 구로동 천막철공소에서
함마의 힘에 늘어나는 단 쇠 넓이만큼
계돈을 쌓았다. 지금
배기량 3000cc 검은 세단 타고 빈곤에 허덕인다

그에게도 보리떡 냄새가 물씬하다

워킹 푸어working poor
누구도 벗어나지 못한 일하는 빈곤층
그들은 늘 충혈 된 눈으로
보릿고개
새벽을 달린다

청개구리 동화는 편집 중이다

— 4대강에 대한 MB의 음모

청기와 추녀 끝
빗물에 젖어 우울한 청개구리가 양반다리를 하고 있다

우두머리인가보다

유언장에도 없는 봉분 쌓기를 독려하고
큰 말씀 내린다
목이 쉬었다. 개굴 영차–영차 붕–붕
고집스런 목관은 수장 된다

산수유 만발한 언덕 아래
봉분을 돋우려는 몽고반점 선명한 근육이
비구름 뭉치듯 탱탱하다

그곳은 어미 봉분 쌓을 묘택이 아니다

올챙이 적 헤엄치던
분수와는 사뭇 다른 그곳

어머니 젖줄임을 몰랐을 것이다

좌초하는 초상화 들고 행진하는 우직한 머슴 곳간 서생이 아니던가

명예가 황토 회오리를 일으키며 노을을 가린다
시간은 촉박하다
이제 왕께서 오신다

연주가 시작되는 길마다 봉분이 터지고
어머니가 깨어나신다. 어머니는 결코 봉분 아래 누워계시지 않는다

청개구리 동화는
배포되지 못한 채
감방에 수용된다

동화는 현재 기만의 편집 진행중이다

낙과落果
— 배밭에서

부끄러운 듯
풀밭에 웅크린 채
까맣게 썩어가는 단내 풍기며
맑은 즙,
젖을 흘리고 있네

바람에 홀린 가지는
푸르디푸른 처녀의 몸
여물지도 못한 몸,
까치 입술에 찍힌 상처 썩어간다고
그 어둔 밤, 손 놓아 버렸네

작별의 눈인사도 없이
다, 떠난 빈이랑
배신의 늪
반쯤 묻힌 채
배나무 뿌리 향해 맑디맑은 속살 여미지도 못하고
젖을 흘리고 있네

아!
자진한 처녀
그 처녀 몸에서
여직 푸른 단내가 꿈틀거리고 있네

타이어

잔등에 섬뜩한 못 하나 박혔다
먼저 닳아야 달리게 할 수 있음인데
어쩌자고 저토록 치명적인 상처로 박혔을까

나직한 비명이 새고 있다
아무런 준비도 없는 이에게 나는 또
얼마나 많은 못질을 했을까
혹, 가슴에 박힌 못
말갛게 닳아 뽑히면 분노도 푸석 주저앉으려나
색이 포개지면 품이 되듯
완강한 못하나 바퀴 동심원 끈질기게
지우다보면 글썽한 시선으로 바라보지 않아도
바퀴 야윈 품 물 주름 펴리라
뽑을 수도,
뽑지 않을 수도 없는
여직 탱탱한 타이어 길을 밀고 있다

청계천*

빛 하나 들지 않는
캄캄한 공포에서 놓여나
여기 흐르네
나 위선으로 살아 물소리 내네
모두 듣네 나를 듣네
나, 누웠네
물, 누웠네
누워 흐르네 나 일어서면
물가지 끝마다
무지개 피네
나,
불치병 안고
위선으로 살았네 살아 흐르네
나는
물이 아니다

* 전기 힘에 의해 끌어올려져 흐르는 청계천을 누워 있는 분수라고 한다.

구월 15時 30分,
그리고 17時 30分사이

주말 2시 집을 나서 광진교 아래 한강에 얼비친 빗살 문자를 해독하며 잠실선착장을 향해 그림자와 동행한다

3시, 굴절도 없이 선글라스를 투과하여 덤비는 햇촉이 허기진 몸통 그늘 뿌리를 더듬고 있다

핏빛 유예지 올림픽대교, 꽃 진 대궁이 벌건 그림자를 가닥치는 3시 30분
는개가 사리 튼 눈에 팽팽하게 버티던 햇빛이 배꼽을 드러내고 있다
헛디딘 대칭점,
회벽 나한들이 삐딱하게 발음되는
한강르네상스
그 모퉁이에 제 몸무게에 눌린
외발주자 고가의 자전거 절뚝거리는 균형이
바람 결에서 가득 맨발이 되었다

잔뜩 잠에 취한 증명사진을 빈틈없이 새겨 넣은 48.8㎞[1)]

다람쥐쳇바퀴
가공강체가선[2] 접촉음이 햇살을 갈아내고 있는 잠실철교 4시 5분,
무겁게 꼿꼿하던 햇빛이 순한 베틀에 기대, 북 씨실을 꾸리고 있다

잉애[3]가 갈라주는
날실 사이 헤엄치는 등 굽은 사각 틀에 갇힌
억양이 죽은 화상, 곤한 관절마다
몽유병 환자처럼
돋은 수액을 빨리는 순간
밤사이 훌쩍 자란 이자율 계산하는
신생아 양수가 출렁거린다

크고 작은 아득한 표정들이 부숭력 상내에서 출링거리는 잠실대교 4시 40분 과속으로 달리던 길이 멈춰 섰다 불그스름 부푼 하늘 뇌수에 비친 그림자가 흐물자물 모서리를 다듬어 날카롭고 첨예한 남산타워에 도드라진 실핏

줄로 구름 고랑을 파고 있다

양안兩岸에 기둥처럼 솟은 유리벽
참빗 같은 빗살에 걸려
한줄기 질기고 난폭한 거품을 뱉어낸 하루살이
쭈글몽글 주름이 하 수상하다

잠실선착장 계단에 앉으니 유람선 도착 노을이 뚜~우 시계탑 바늘을 정시에 낚아챈다
5시 30분, 화석이 된 태양 기웃거리던 하늘은 기어이 단풍 든다

하나둘 붉은 묘등 위로 걸어온 길에 번지는 아련한 먹물, 희디 흰 날개가 돋을 때
15시 30분, 17시 30분
그 외줄이 느슨해진 경계를 넘어
무심히 뒹구는 낙엽을 밟자

그대 뉘신가?

나태하고 지루한 침묵이
꺼멓게 한눈을 팔고
남루한 어둠이 사리를 틀고 있다

1) 2호선 지하철 운행거리
2) 지하철 건설시설 중 전철화의 전문용어(직류와교류,가공전차선)
3) 애기잉어

여직, 한 마디 말도

저 어둠에
한 마디 말도 하지 않았는데
어둠도 내게 한 마디 말도 없었는데
그런데
가로등은 하얗게 빈 말을 타이핑하고 있다

내가 본 것이 분명 떨리는 흔적이고 시간이 흘린 그리움 부스러기라면
목마른 그가 두드린 것은
소멸 시키려는 그것의 풍경일 수 있겠다

어느 날,
그대를 배웅하고 마침내 내가 죽은 후
호수바닥이 하얗게 말라 그 갈라진 사이로 외로운 씨앗 하나 몸 누이고
모진 세월 한참 흐른 그때,
그대 가슴 눅눅한 바람이 호 안에 스미면
내가 그대에게,

그대가 나에게 하려고 했던 말이 하나둘 싹을 틔우는 그즈음까지는

우리는 서로의 깊이를 잘 모르면서
그러면서도 그 깊이를 아는 척 돌아누워 살촉 같은 어둠을 사르고
하얀 바탕에 슬픔인양
아픔인양 말을 주고받으며
촛불처럼 제 살이
녹아내리는 소리에도 흠칫 헛된 고독을 스칠 것이다

여직,
한 마디 말도 하지 않았건만
가로등은 깨알 같은 말을 등록시키고 전원을 끄고 있다
한 마디 말도 하지 않았는데,

조약돌

이슬에 씻긴
햇살 한 움큼 찰랑이며
흐르는 개여울
일렁임에
멀미하며 잠겼네

산책 길
발끝에 채인
돌멩이 하나
데굴데굴…… 물 파편 튀길 때

아뿔싸, 저런
깨끗이 씻긴 햇살
조각조각 찢겨
돌무덤 사이사이 이끼로 성성하네

풀 섶
거미줄에 열린 살빛마다

말간 외마디 비명
하얗게 비어 울리네

그리움의 시편 Ⅰ
— 초서草書

사립 바람에 떨던 촛불도 곤히 잠든
진 새벽 떠난 발걸음 하현달에 아스라이 잦아들 때
그 즈음 기척도 없이 찾아든
풍경소리 끄트머리 매달린 초서草書를 보았습니다

생생히 재생되는 초서 행간마다 저민 또랑또랑한 소리, 사라락사-스락

그렇게 멀어진 발자국에 서린 초롱한 디딤돌
어김없이 선명한 명징明徵을 읽어내는 것은 초록별이었지요
가마 밖 설원의 사립문은 언제나 제 모습이건만
달빛에 흔들리는 단 하나 그림자만 사그라들어 환영幻影만 얼룩져
그리움 오지에 채곡채곡 전이되고 있었습니다

아릿하게 초점이 흐려진 여울목 자갈 치는 소리가 들락거리면

가차이 속삭이는 밀어는 어느새 내 맘 알아차리고
허공 연둣빛 페이지에 피사체가 어른거렸지요

내 안에 잠복 중이 던
완벽한 순도의 그리움이 허공에 수묵화를 그리면
울컥, 나는 가슴을 적시고 맙니다

덜컹거리는 산만한 상처가 덧나지 않도록 그대,
그대의 집중력 천변에 무수한 계절이 휘청거리지 않을 문장 하나 지어놓고
야무진 밑줄을 그어 두겠습니다
서서히 제게 스며드세요

전,
그대 마르지 않을 이끼가 되렵니다

그리움의 시편 Ⅱ

어둠이 내리는 저녁이면

어디서 발원한 빛일까

문득 고개 들어 쳐다보니 갈참나무 마른가지에
하루치 그리움에 지친 노을이 내려앉아
숨을 고르고 있다

시간의 지층은 허물어지고
나그네 바랑 가득 녹슨 추억이 흐벅질 때
이런 해거름이면
어김없이 당도하고 싶은 곳

그리움이 화석 되어
돌아누우면 더 크게 들리는
파도소리 가차운
그대에게 당도하고 싶다

이제 조금씩 알 것 같은 그대,

깊은 상념에 빠지면 더 멀어진다는
부질없는 모래성
켜켜이 낀 이끼 같은 상처 흥건히 적시고
가파르게 오른 서늘한 외로움
이젠 뒤돌아보지 않으리라
다그치듯 되새김질하며

갓 헹군 햇살처럼, 그 빛처럼
캄캄하게 띄워 보낸 지치고 상처 난
이 언어를 한오라기 바람에 실어
천지 사방 흩날리고

잎새 바람 되어
그대 창가에 당도하고 싶다
더욱 선명한
어둠이 내리는 저녁이면.

돌에 핀 풍경화

돌 깨는 정 소리 도랑물이 마르자 억겁의 세월 침묵한 몽돌에서
물새소리가 들린다.

구르고 구른 옴팍진 품으로 모난 시간 다독여
수천 년 침묵의 풍경 재생한 몸에 핀 꽃,
어찌 바위 속살인 줄 알겠는가

그 큰 산
그 큰 강
바람 무늬는 돌의 마음인 것을

그냥 두리라
눈길 주지 않으리

강심의 유속,
그 행간 헐어버린 살점 사이사이에 긴 침묵 더듬어

달빛 환히 밝아오면 네 속 깊이 찍힌 화인火印 천천히 낭독하리라

4월이 진자리

— 김주열을 추모하며

사월, 그대가 진자리
그 꽃 진자리에 잎 흔드는 바람이 인다

겨우내 숨죽여
언 땅에서 깨어난 풀,
풀은 결코 바람 앞에서 몸을 눕히지 않았습니다
잠든 뿌리 물오름 소리 생생하게 들려주었던
달구벌 휴일은 아지랑이 숲에서
기지개를 켜고
목련 희디흰 속살 봄 볕 염탐할 때
사월 풀잎은
무서운 밤을 깨워 마산 고삿길 곳곳
살갗 퍼런 자유의벽에
실금을 그었지요

열일곱 해 눈동자
들불처럼 지천에 깔린 그해 진달래 선홍색
가슴에 흘리고

젊음을 달라는 단 한마디 청도 없이
차디찬 밤바다 쉿소리 섬뜩 어이 가라앉았던가요
꽃 진 섭섭한 자리엔
야윈 햇살 그늘 쓸어안아
한눈에 틀어박힌 17cm×3cm
미제의 유기물, 그 고통
아!
넋이시여!
풀뿌리 실하게 사월 비가 되었습니다

님의 절규 무성한
푸른 바닷가
가없는 하늘은 수채화같이
고요하건만
쉼 없는 농해 너머 눌셜
사납게 출렁입니다

제4부
낯선 나그네

밤에 내리는 비에는 부호가 있다

이파리 늑골마다 물비늘, 물빛이 만발하다

연못에 파작波作 되는 파편마다 빛이 열리고
그 빛을 쪼아대는 피라미들은
농축된 O_2를 귀띔 받고 있다

담벼락에 기댄 귀뚜라미
비 내리는 긴 밤을 싹둑 잘라
가슴 쓸 때,

벽, 한쪽 허물어진 맹골수도孟骨水道엔 여린 아릿내 유품들이 서서히 경건한 무릎을 꿇는 의식을 시작하면,

'1:29:300 하인리히 법칙[1]' 의 제단에 걸친 수의가
빗발을 삼키며 지독한 발성을 시작한다

그렇게 밤에 내리는 비는 얼룩무늬 기억의 유적지를 차근차근 발굴해 낸다

폐기된 신전 안으로,

안으로 파고드는 비의 속살이 깃발 되어
산산이 부서진 가로등 빛
끌어내려
파지가 가득한 무방비 손수레에 풀밭을 일군다

온전하게 굵어진 물비늘이 번역하여 밤새 타전된 단순한 언어
허물어라
거역하라
모반하라

그리하여 얻어라
속어가 아닌 주어로서 자유와 평화, 평등과 민주, 돈친 통일을

밤에 내리는 비의 부호는 잠과 동공 사이를 늘 오독誤讀하고 있다

1) 하인리히는 미 보험회사에 근무하며 다양한 사고 통계를 접하고 사고의 인과관계를 계량적으로 분석한 수치

발에 대하여

카페 까만 대리석 바닥에 비친 그녀의 발,
필생 무게 중심이 수직으로 가파르다

애초부터 상실될 자아도 없었지만 스스로 키운 성감대는
예민하다
점자 같은 세상 더듬거리며 늘 멈춘 것은 발이
아닌 걸음이었으리
그것은 무게만큼 찍힌 발자국이다

적막이라는 슬픈 투망은 돋움발로 건너고
배란기에 흐르는 절정의 강,
그 강엔 스스로 속도를 놓는다

상상의 오르가즘
그것 없이는 함부로 속을 궁금해 하지도 않는다

늘 떠나야 하는 것은 발이었다

그러나 길을 묻는 것은 발이 아니다

옮기는 것은 무게일 뿐,
발에는 무게가 없다
언제고 지워진 것은 발아래 있다

팽팽히 맞서 이끄는 기억과 이끌리는 자리에서
가슴에 서성이는 모든 발자국은
그녀의 길이었다

수직 고분에는 벽화가 없다

아찔한 절벽을 기어오르는 수직 누대累代엔 진통이 심한 침묵만 염장되어 시시각각 변하는
붉은 숫자를 응시하고 개봉되지 않은 독촉 문장만 순교자처럼 은폐되어 있다

그곳은 푸른빛 사이보그에 의해 개폐가 용인되는 비밀문자가 부동자세로 경계근무 중이다

고분 내실,
그 안에는 저승꽃이 만개하여 헐떡거리는 냉장고와
붉은 이끼가 틈새를 장식한 싱크대
건망증이 심해 일방적으로 프로그램이 요약되는 세탁기
물빛처럼 출렁거리며 잣대도 없이 수평선을 긋는
LCD TV가 우두커니 윤곽을 경작 중이다

출토된 꽃병 속에는 제련과 성형을 거친 수련조화가 단단한 마디를 키우고 빈 라면상자는
굴절의 해독을 거친 듯 큰 소리를 밟고 섰다

얼마간 묵언이 양각된 벽,
운보 김기창 화백의 수묵水墨 소품이 착상되어
애석한 성대를 떨고 있다

그믐밤, 채색을 멈춘 벽화는 일가의 잔해에 추임새를 쌓고

미처 발굴하지 못한 위작의 탁본

그 안에 어른거리는 영혼이 새나간 그림자 더미에 서서히 내가 닫혀 압축 중이다

낯선 나그네
— 7월에 핀 목련을 보고

시간이 그어놓은 세밀한 한 음절 통과하여
누런 누더기 걸치고 밤의 허공을 파먹고 선 길손이 하얗다

어느 언저리 마음에다 점만 찍어둔 채
자드락비[1]에도 속절없이 서성이는 귀 손은
봄날 한 소절이 아니더이까

잎도 없는 단어 하나 사려잡고
녹아내리는 연두 물관 헤집어 적막하던 날,
허공 곳곳에
꽃그늘 드리우던 음표는
어느 오선지에 흘려두고 잎 위에서 번식의 경계를 허문

만만파파식적萬萬波波息笛[2]의 영목靈木도 아니면서 마디마디 시린 시간 칸칸이 쌓아 흰 소복 걸치고 잠과 잠 사이를 염탐하는 밤의 밝음이여!

잎마다 누런 녹물 흘리며
담장 안 서성이는
그대는 계절의 지시 냉정하게 무시하고 호흡이 정지되어
냉기도 잃어버린
낯선 나그네,

봄의 실어증에 걸려 7월[3]에 핀 목련이 아니시오

1) 거세게 퍼붓는 비.
2) 『삼국유사』에 실린 신라시대 전설상의 피리.
3) 2017년 7월, 경기 광주 지월리에 핀 목련.

남해 다랑논

산 구비 떠돌다
파도소리 저음 고스란히 끌어안은 채
삿갓 아래 잠들었네

허옇게 핀 소금 꽃 손길에도
거친 폭풍, 그 호명에도
기척 없던 그
절벽 등지고 앉아 가부좌 틀었네

빗장 밖
사다리 타는 도굴꾼이
허무는 경계
가락을 더듬네

그 가락 더듬는 손끝 핏발이 서네

찔레꽃 머리[1]
모, 피, 거머리 갈라진 뼈

인광처럼 번쩍이고
곧추선 뼈마디마다 허물 벗은 배암처럼
잔바람이 스미네

어이할거나, 어이할거나
못 줄에 스민 가락
그 유적을 도굴 당하네

층층마다 날 선 파도 쥐고 선 논배미
네가 그리운 날
그날,
빛바랜 첼로로
파도를 켜리라

1) 음력사오월 모내기철

빈센트 반 고흐와 해바라기

I

빈센트 반 고흐의 상징

21.

삼십사.

55.

팔십구.

144.

소용돌이 구조의 미학

Ⅱ

토양 맛을 음미하며

2.4km

땅 속을 자유로이 유영하는

영양소의 미식가

Ⅲ

그리워하다, 하다

해를 닮아

꽃이 된 그 열병
하늘 향해 한 폭의 수채화 된
꽃 중의 꽃

Ⅳ
한여름 불볕이 두려워
봇짐 멘 나그네인양
봄에 흐드러져
무게 없는 이슬비에
꽃 잎 떨구는 꽃이련가

Ⅴ
태양이 그리워
해만 바라보며
사랑을 불태우는 정열
마음에 와 안기는 정서적 환기喚起

Ⅵ

꽃 그리는 이
어이 수를 헤아리랴만
생명 없는 조화
좋아할 이 없으나
투박한 항아리에 너를 세워도
오가는 이
발길 멈춰 서게 하는 너

Ⅶ

시도 때도 없이
피고
지는
아름다운 물리학
구조 갖춘 정열의 영혼
너를 알아 본
혜안
빈센트 반 고흐

괭이밥

척박한 틈마다
모질게 피워
나그네 눈길마저 외면한 채
오직, 물빛 하늘 이고
조국의 뒤란
그 대지를 증명하는
잎겨드랑이 아래
수줍은 미소,
독도에 피운
꽃이여!

염전

그곳은
바다의 짙푸름 원자재로 사용하지만
결코, 바다에 몸 싣는 일 없이
광활하고 아득해
웅어리 안으로 고요를 기다린다

넓은 들판 펼쳐 놓았지만
심거나 가꾸는 일 없다
하지만 시간과 태양 그리고 바람이
생산을 길러준다

기다림,
구조 안으로 가두어
시간 앙금 훑는 원초적 풍경
고스란히 결정체로 빚어지는
고통스런 그곳엔
폭양의 맛과 무늬가 가득하다

이 세상
가장 헐겁고 남루한 곳간
순결한 바닥엔 완연한 질감의 빛
속살 드러낸 채 시간 길러

한 톨,
결정체 안에 이는 바람
하얀 숨결 세밀히
시간을 펴 담고 있다

빛이 응축된 시간이 하얗다

네일 아티스트

세심한 손길로 바람 깃 친다
엉킨 구름 위로 달무리 드리우고
바다를 끌어다 꽃을 피운다

엄지에 진 달무리는
비에 씨눈 잉태하고
비의 날줄은 그녀 눈가를 적신다
이어 검지의 파도는
장지 끝에 꽃망울 터트리고
무명의 늑골에 번지는 언약 한 토막 지탱하던
새끼손가락이 하얗게 혼절한다

그녀에게 남는 것은
창백한 기다림의 벽
조도 낮은 갓등 아래서 울컥울컥
물안개를 피운다

그믐으로 기울어 가는

에나멜 껍질,
잔별처럼 깜박깜박 질 때
손톱마다 풋사과가 돋는다

필경
오래 닫힌 입에서
하혈을 시작하면
본색을 드러낼 검게 죽은 뼈 위에
파스텔톤 외마디 뭉게뭉게 피우는 그녀는
슬픈 네일 아티스트

빈터

채널을 잃고
주파수마저 놓쳐버린 텔레비전
땅 밑으로 뿌리 내린 채
어둠을 수신 중이다
또한, 팽팽한 바람 채우지 못한
자전거 바퀴는 힘의 밀림에 꿈적도 하지 않은 채
노인의 습한 사타구니를 기다린다

저들에게도 정직했던 한나절 알리바이가 필요할 것이다

힘에 의한 속도, 은빛 살 물결일 땐
늘 자유로부터 구속되었다

향내처럼 익힌 정적사이로 붉은 녹이 피면
새벽비 뿌리는 이 밤 낯설지는 않으리
뜨악한 수신의 단절 앞에서
아득한 어둠 빛반이 저늘 알리바이를 선명히 하리니

빈터
수신 정지
속도 정지
요란한 수다가 침묵하는 단절의 공간에도 오월 노을이 깃든다

의식

아침이면 늘 엄숙해진다
와이셔츠 윗 단추는 한 치의 틈도 없이
하루의 무게를 채운다
다소곳이 바닥을 향해 의식을 치루는 목덜미에
단단히 걸리는 넥타이,
어느 하루도
나에게 변변한 줄 하나 허용한 적 없지만
오직 나를 지탱하는 것은
해거름까지 완벽하게
삼각 매듭을 유지하는 넥타이 뿐이다
비대한 몸뚱어리 휘적일 때면
어김없이 팽팽하게 이끄는 줄,
줄이 이따금 길이 된다
구슬을 꿰듯
길 위에 쏟아놓은
비틀거리는 말을 주워 주럼으로 엮어놓으면
비로소 하루가 헐거워진다
이 엄숙한 의식에서
자유로워지는 날
훌렁훌렁 벗어 알몸이 되리라

흔적

건전지를 갈아 끼워도
도무지 제 生에 미동도 없는 벽시계를
떼어냈다
오랜 갈증에
희미해진 시간의 음표들이
벽보처럼 붙어
하얀 뿌리를 내리고 있다
목마름이란,
그것이 얼마나
막연한 그리움인지
또는 무진장 사무쳐서
굳어버린 체온인지
분주했던 바늘의 중심에서
수없이 다녀간
너무 '흔한 표절'
닫혀버린 시간의 늪에 한 마리
악어가 살고 있다

고인돌

— 고창 상갑리 고인돌군에서

한 주검이
뼈에 사무치게 그리워
돌 벽을 세웠다
수천 년을 깃들어 돌 뿌리 내리고
보듬어도, 보듬어도
천년을 배회하는 실감 없는 수묵담채水墨淡彩
그 슬픈 입자 잠재우려
돌 지붕을 씌웠다
달빛 여문 구릉마다 돋아난
석촉에 핀 진달래 단내 흘리고
새벽녘 자욱한 안개 품에서
사내의 완강한 근육에
이끼가 서리면
가물거리는 억새소리
천년 벽화로 핀다

촛대바위

푸른 습자지
살 곳 내려 퍼진
쪽빛 처연한 바다 한 섶에

한없는 번짐과
깊이 담겨 솟은 내밀한 위태로움이여

틈새 한 곳 없는 사이로
소담스레 솟아 움튼 먹빛,
그 빛에 형상을 수놓은 농밀한 억겁 세월

채 한 평 풀도 피워보지 못한 나의 언어로 네 씻김 시간을 예감할 수 없구나

다만,
비린내 나는

추억 빚어 되돌아오지 않는 먼, 너머
초췌한 빈소라 이명耳鳴에
삭은 그리움 목 놓아 볼 참이다

호수의 파문

— 산정호수에서

붉은 낙엽 한 잎
호수의 예민한 속살에 스칠 때

잔물결에 터진
신음소리
달빛은 단단한 울타리를 치고

탯줄이 잘린 호수의 통증은 접사된 기록에 악보를 그린다

물의 오선지
그곳엔 주인공을 위한 음표는 없다
너와 나의 페이지는 찢기고

오직
호수에 실린 수묵화 한 폭만
굴절된 파문 산허리 세우고 자서전을 짓고 있다

■ 해설

가난한 빈 그릇에서 피는 가시연꽃

김익균
(문학평론가)

박희호 시인의 시세계는 소외된 현대세계를 집요하게 투시하려는 의지로부터 기원한다. 1970년대 후반 등단하였지만 80년대 역사의 굴곡을 온몸으로 살아내고 2000년대의 시인으로 되돌아온 박희호 시인이 어느덧 네 번째 시집을 상재하였다. 도시적 폐허 속에서 이성의 불모성을 극복하기 위해 생의지를 갈구하던 시인이 이번 시집에서는 전통시학의 과감한 도입을 통해 새로운 면모를 보여준다. 시집 전면에 포진하고 있는 「가야금Ⅰ-정악 가야금」, 「가야금Ⅱ-산조 가야금」, 「거문고, 그 언어」 등의 시편을 비롯하여 「곡운구곡 시비에 대한 답신」 연작 9편은 별도의 주목을 요한다.

한국문학평화포럼 부회장을 역임하고 〈분단과통일시〉 동인으로 활동해온 이력에서도 알 수 있듯이 시인은 "치열한 삶의 시"(임우기)를 줏대 있게 지켜왔다. 이번 시집 역시 내리는 빗소리에서 "기총소사"의 끔찍한 상흔을 연상하는 「처서에 내리는 비」와 함께 「4월이 진자리-김주열을 추모하며」, 「이미 국가는 도굴되었다-세월호 참사 3주기에 부쳐」, 「촛불 그 1년의 언어」, 「한편의 영상을 두고 떠난 님」 등의 시를 통해 역사적 상상력의 계보를 이어나가고 있다.

한편 "가난한 빈 그릇 속으로 빛이 스"(「내 안의 길-내시경 받던 날」)미는 병든 몸의 경험, 자신의 죽음으로부터 "나 죽어 부고訃告 쓸" (「만년필-이기형 선생님 육필시 원고를 받고」) 만년필의 사물성에까지 가닿는 도저한 정신의 위의威儀는 오랫동안 눈길을 붙드는 힘이 있다. 에드워드 사이드는 "삶이 막바지에 이르렀을 때 어떻게 그들의 작품과 사상이 새로운 이디엄, 이른바 말년의 양식을 얻는지"(「말년의 양식에 관하여」)를 설득력 있게 묘파한 바 있다. 시인의 지난 시집 『거리엔 지금 붉은 이슬이 탁본되고 있다』에서 보여준 "이 벽을 허물지 않고는/나는 결국 사소한 한 장의 벽돌이 될 것이다"(「벽에 대한 단상」)라는 인상적인 에피그램은 박희호 시인의 '말년의 양식'의 한 징후라고 봐도 무방할 것이다.

치열한 삶의 시와 전통시학이 공존하는 이번 시집은 전통시학의 현대적 의미에 대한 사유를 촉발한다. 속류적인 의미에서 전통 담론은 전통에 긍정적인 의미를 부여하면서 이것의 타자로 '인습'을 내세우려 했다. 그러나 이러한 윤리적인 재단은 단절된 과거로서 존재하는 전통이 그 자체로 독립된 가치를 지닌다는 착각의 산물이다. 전통의 가치는 그것을 어떤 방식으로 호명하느냐에 따라 사후적으로 발생한다. 낯선 질료로서의 전통은 호명한 시대의 가치를 부여받는다. 물론 전통은 현대의 타자로서 해소되지 않는 '언캐니uncanny'를 갖는다는 점은 또다른 이야기가 될 것이다.

전통시학은 현대예술이 사로잡혀 있는 그 자신의 신화를 해체하는 '문자'로 되돌아 온다. 본시 근대 예술의 본질에는 한 발 앞서기One-upmanship의 강박이 도사리고 있다. 이 강박관념이 그 유명한 "우리는 절대적으로 현대적이어야 한다."는 랭보의 명제를 낳았다. 모더니즘 특히 아방가르드는 이런 강박관념을 양식화 하면서 '새로움의 신화'나, '새로움의 숭배'를 정당화했다. 이러한 새로움의 강박의 극단을 경험하고서 이례적으로 반성적 목소리를 내놓은 시인 발레리의 육성을 들어보라. "중단, 불일치,

놀라운 일은 우리 삶의 일상적인 조건들이다. 많은 사람들은 심지어 이러한 조건들을 꼭 필요로 하게 되었다. 이제 인간의 정신은 갑작스러운 변화와 끊임없이 새로워지는 자극…… 이외의 것들은 받아들이지 않기 때문이다. 이제 우리는 어떤 것이든 오래 지속되는 것들을 참지 못한다. 무료함 속에서 결실을 일구는 법을 우리는 이제 모른다. 따라서 모든 질문은 이렇게 응축된다. 인간 정신은 스스로 만들어낸 것들을 과연 정복할 수 있을까?"

현대사회의 여명기 신흥 부르주아 계급이 구체제 귀족들의 아비투스를 모방하는 동안 현대 예술은 그들의 시대착오적인 위선을 깨뜨리는 과제를 정당하게 수행했다. 하지만 현대예술은 그 자신의 신화를 '정복' 혹은 새출발할 신기원의 계기를 마련할 수 있는지 묻는 일은 중요하다. 현대 예술의 원리가 현대 사회를 지탱하는 스펙타클의 논리와 수렴하고 있다는 것은 이제 공공연한 비밀이 되었다. 자본주의의 온순한 노동자이자 수동적 소비자로 길든 우리는 시간을 잘 분배해 일하고 잘 구획된 공간 속에서 생활하며 소위 여가 시간에는 일용할 스펙터클을 허락받는다. 현대사회를 지배하는 스펙터클의 논리는 인간을 파편화하고 일상생활을 단편적으로 쪼갬으로써 인간을 수동적이고 비참한 관객으로 만든다. "불온한 질주는 질서를 가장하고/내일의 연출자를 꿈꾸며 파지처럼 위태로운 하루는 늘 자투리뿐"(「자본주의 출근길 환영」)인 소비자로 전락시키고 있는 것이다.

'전통'의 전유는 자본주의적 일상성과 새로움의 강박으로서의 현대예술이라는 자웅동체를 해체하는 힘으로 가치화될 수 있다. 스피노자적인 의미에서 자기의 '욕망'의 원인에 대한 무지로 인한 '수동적인 삶'에 머물게 하는 우리의 근대적 합리성을 넘어서 우리 각자가 스스로의 원인으로 살아가는 능동적 주체가 요청되고 있다. "이 벽을 허물지 않고는/나는 결국 사소한 한 장의 벽돌이 될 것이다"

〈詩碑 원문〉
일곡이라 세찬여울 들어오기 어려우니
복숭아꽃 피고지고 세상과 멱하였네
깊은 숲 길은 다해 오는 사람 없으니
어느 곳 산가에 사는 사람 있으리

〈답신〉
바위의 관절마다 만개한 꽃술
산 그림자 비켜서고 골짜기에선 혼곤한 물줄기가
화선지 펼쳐두면 자박자박 새소리
천생의 풍경화를 그리는 곳

그 먼 발자국은 은둔의 낙관 찍어
여울에 띄워 보내니
끊긴 숲 길 고스란히 이어두자 하네

찾아드는 손,
소용돌이 이루니 무지개는 지워지고
무이도가 운, 차운한
김수증 지은 詩에
파랗게 질린 산나물 저녁 찬에 올랐네

—「제1곡 방화계-곡운구곡 시비에 대한 답신」 전문

위의 시는 9편의 연작 중 '제1곡' 인데 이 연작은 조선 중기 김수증의 시 9편 각각에 대응하는 성격을 갖는다. 김수증의 시는 송대 주희의 '시- 학문' 과 상호텍스트성을 갖는다. 더 나아가 당대의 집단적 이상과 문화적 기획의 일부이다.

박희호 시인이 인용하는 김수증의 시는 방화계의 물리적 환경을 자세히 기술해준다. 우선 배가 들어가기 쉽지 않은 계곡이 기起구에 제시된다. 복사꽃이 피고 지는 모습이 구름낀 시내를 사이에 두고 있다. 이어서 전轉구에서 숲이 깊고 길이 끊어졌으니 오는 이가 적다고 하였다. 결結구에서 '개짖는 소리' 가 들리고 '밥짓는 연기' 가 나는 모습을 묘사함으로써 구곡이 있는 산골 마을의 평온한 모습을 표현하였다.

박희호 시인은 한시 전통을 마주보며 "풍경은 마음의 상태"라는 아미엘(H.F. Amiel)의 명제를 현대시로 구현한다. 눈감고 음미해 보면 인적이 끊긴 계곡의 소박한 삶과 고즈넉한 물소리. 이미지의 처리에 있어서 계곡의 물소리가 '물의 발소리' 에 비견되는 데서 다시 발자국이라는 시각적 이미지로 비약하는 공감각적 심상이 눈에 띈다. 여기에 더해 물의 먼 발자국이 은둔의 낙관을 찍는다는 의미화 효과는 범상치 않은 언어적 수련을 방증한다. 「제9곡 첩석대」는 다시 한번 변주를 통해 '바람의 낙관' 을 찍는 것으로 장구한 연작을 마무리하게 된다.("시비에 기댄 바람만/구곡을 눈치 챈 듯 소소한 낙관 흐려 찍고 있다.")

위의 시를 단순히 현대적인 서정시로만 음미할 수 없게 하는 것은 이 연작이 기대고 있는 문화사적 음영, '거대한 뿌리' 이다. 문제적인 것은 박희호 시인이 김수증을 거쳐 "시를 짓는 데에 노력하는 것은 무엇에 쓰고자 함인가?" 라고 말하는 주희의 전통을 호명한다는 점이다. 도는 근본이고, 시문은 지엽이며 문장에 빠지면 도에 해롭다고

하는 송명이학에 와서 도덕과 예술은 형식이 달라도 취지는 같은 인생의 경지로 승화된다. 이광수가 「문학이란 하오」에서 근대문학을 새롭게 정초한 것은 바로 이러한 도문일치의 전통을 거부하는 혁명이었다는 점에 주목해야 한다.

현대시인이 흥에 기반해 정경교융靜境交融에 도달하는 당시풍을 전유하는 것과 '시필성당詩必盛唐'의 극복을 도모했던 송시를 통해 전통시학을 재전유하는 것의 차이는 심히 큰 것이다. 이택후는 송명이학가의 도덕적 경지가 '심미경지'를 넘어서는 더 높은 차원의 심미경지라고 주장한다. 오늘날 현대시학의 막힌 길을 뚫는 것은 바로 인생예술의 높은 경지인 도학일치의 경지라고 할 수 있는 것이다. 물론 이러한 시도가 유일한 정답일 수 없다는 건 군이 덧붙일 필요 없겠지만 오늘날 문학의 종언이 끝없이 운위되고 있는 근저에 도학일치의 전통의 모색이 어른거린다는 점은 분명해 보인다.

김수증은 스스로 자신의 한시를 생활에서 우러나오는 넋두리에 불과하다고 겸사를 한 바 있다. 이는 그가 스스로 난해한 전고사용을 억제하고 시를 '창작'하기보다 생활을 '기록'하듯이 시를 쓰고자 한 다시 말해서 생활과 시학의 일치를 추구했다는 점과 관련된다. 김수증 시세계의 1기는 경기 강원 황해 등 동태적으로 분포하고 있는 데 비해 2기 작품에 와서는 농수정사, 부지암, 무명와, 유지당 등 조형물의 명명으로부터 '곡운'이라는 원림공간으로 수렴된다. 1기에서 보이던 젊은 날의 방랑이 내적 질서를 갖추게 됨으로써 안정화의 길로 나아갔다고 이해할 수 있겠다. 애초에 김수증의 구곡시는 순수 서경시인가 입도차제(入道次第;도학에 들어가는 과정)인가 하는 의론이 분분했던 주희의 무이도가를 차운한 시이다. 주희는 푸젠성(복건성) 무이산에서 흐르는 숭계 상류에 무이정사를 짓고 이 숭계의 아홉구비 경치 좋은 곳을 무이구곡이라 하였다. 김수증이 원래 지명인 '사탄史呑'을 '곡운谷雲'으로 고친 것도 주희가 거처한 무이산의 '운곡雲谷'이라는 지명을 의식한 것으로 보인다. 물론 주희와 김수증 사이에는 김시습의 유적, 이이의 고산구곡, 송시열의 화양동(화양구곡) 등의 두터운 문화의 계승이 있었다.

김수증은 조선 중기인 17세기의 서인계열의 경화사족이었다. 1674년 '갑인예송'과 1689년 '기사사화'를 경험하며 두 차례에 걸쳐 지금의 강원도 화천군에 은둔하였다. 하지만 김수증은 이미 1670년부터 성리학적 은둔문화를 일구는 문화기획으로 지금의 강원도 화천군 사내면 영당동에 농수정사를 짓고 용담천 아홉 굽이에 각각 이름을 지어 곡운구곡이라 하였다. 곡운을 화악산 북쪽에 있다고 하여 화음동이라 이름 짓고, 그 자연경관을 즐기며 계곡의 곡운구곡과 바위에 이름을 붙이고, 정자와 누대를 세운 경위를 상세하게 기록한 것이다. 장래의 농연 그룹의 선구로서 김수증 개인의 실천을 넘어서 안동김씨 집안의 '장동김문'의 집단적 이상이라고 할 수 있다. 실제로 그 아들을 비롯하여("창직昌直이 읊은 '長臥波心自在閒' 「제6곡 와룡담」) 조카와 폭넓은 학연, 지연, 혈연으로 연결되는 문화 공동체의 참여가 있었다. 김수증은 19세기 정치사를 움직이게 되는 3대 가문 안동김씨, 풍양조씨, 여흥민씨와 학맥으로 연결된 농연그룹의 선구로서 기유문예를 시범한다. 이들의 은둔문화는 근대적인 고독한 개인의 시작詩作으로 수렴되지 않는바 곡운은거와 구곡 경영은 내외에 알리고 공인받는 퍼포먼스의 차원을 갖는다. 김수증이 유지당을 세워 제갈량의 화상과 김시습의 친필 족자를 모셨다는 기록("제갈량과 김시습/절의에 바쳐진 이름 앞 더 깊고 긴 속울음이 애절하다" 「제8곡 융의연」)은 그가 대의와 충절을 높이는 의리정신을 헌양하고 있었음을 보여준다. 곡운구곡시는 이처럼 장대한 문화기획의 언어적 상징물로 남겨진 편린이었다.

「곡운구곡 시비에 대한 답신」 연작 9편이 17세기 성리학적 질서 속에서 독특한 은둔 문화를 불러내고 있다는 것은 무척 의미심장하다. 이를 무위와 유위의 서구적 이분법을 넘어서는 무위의 정치학으로 이해할 수 있다. 유위가 '유가의 가치'요 무위는 '도가적인 가치'라는 세간의 오해와 달리 무위는 이미 『논어』에서 용례가 발견되는 유가의 핵심적인 원리이다. 유위는 이에 비해 후대에 만들어진 조어였으며, 그 의미도 무위에 대응할 만한 구체성을 갖지는 못한다. 무위 전통을 활용하는 후대의 도가적인 용례는 『장자』「천도」편에서 보듯이 "제왕은 무위하고, 신하는 유위한다"에 있다. 무위와 유위는 자연적 행위와 작위적 행위로 대별되는 원리가 아니라 구체적 직무의 유무로 구별되었던 것이다. 무위는 구체적 실무를 담당하는 신하의 행위 방식(이는 좁은 의미의 근대적 합리성에 상응한다)인 유위와 대비되는 제왕의 고유한 행위양식을 의미하기 때문이다. 그렇다면 전통시대의 무위는 현대적 맥락으로 전유할 때 푸코의 통치성과 접속할 수 있는 중요한 전거가 될 것이다.

박희호 시인이 도달한 말년의 양식으로서 전통시학의 의미가 결코 가볍지 않은 것은 이 때문이다. 이번 시집의 서시로 놓인 「가시연꽃」을 전통시학의 전유 속에서 읽어낼 때 그것은 현대 사회를 격물치지하는 정신이 마련하는 무위 또는 통치성을 시행하는 제왕(주권자로서 국민)의 존재론이라고 할 수 있는 것이다.

빗방울마저 경계하려는 듯

가시를 촘촘히 세운 저 지독한 자존심
그 매서운 맘으로
깃 찢어 봉기한 소소한 보랏길
굴복하지 않은 투쟁으로
성문 열고 아픔의 신음 한 마디 없이 촉 세우고 꽃말을 지었다
(중략)

못 위에 띄운 행간마다
유유자적 세운 꽃대
저리 소소한데
쉰 물에
음침하게 피운 촉 위선은 아닌가
몸에
입속에
가시가 돋는다

—「가시연꽃」

가시연꽃은 못 위에 "행간"을 띄우고 경계하는 가시를 띄우고 있다. 주권자인 국민(시민)으로서의 치열한 삶 정치와 시인 박희호가 일치하는 그 자리에서 가시연꽃은 피

어오른다. 일찍이 평론가 김현은 "문학이 있다는 것만으로도 사회는 꿈을 꿀 수가 있다. 문학이 다만 실천의 도구일 때, 사회는 꿈을 꿀 자리를 잃어버린다. 꿈이 없을 때 사회 개조는 있을 수 없다"고 한 바 있다. 김현의 언표는 정치적 주체의 실천이 가능해지기 위해서는 그들이 꿈꿀 자리 즉 문학이라는 무위의 통치성이 필요하다는 의미로 이해할 수 있다. 그 자리를 지키기 위한 시인의 자존심과 치열한 투쟁의 삶은 상충되지 않으며 오히려 대체 보충을 통해 서로의 존립 기반이 되어준다. 전통시학의 전유를 통해서 박희호 시인은 새로움의 신화를 교란하고 현대사회의 일상성으로터 물러선 자리에 고유한 장소topos를 마련한다. 시인은 이 장소를 "벽의 품에서"(「벽에 대한 단상」) 이미 발견한 바 있는 것이다.

'말년의 양식' (에드워드 사이드)을 준비하는 박희호 시인의 이번 시집은 치열한 삶의 시로부터 '가난한 빈그릇에서 피는 가시연꽃' 으로 피어나고 있다. 격물치지의 '시안詩眼' 이 형형하다. "도대체 저 불법건축물이 얼마만큼 허공을 잠식하고 멈출 것인가"(「단상 Ⅱ – 말벌의 불법 건축에 대한 美學」)

마지막으로 「아버지 흔적 찾아 북어를 앞세웠다」를 음송해본다. "동해를 베고 사십년을 누우셨던" 우리 모두의 아버지의 전형이자 시인 자신의 자화상인지도 모를 이 시